Willy Brandt

»... wir sind nicht zu Helden geboren«

Ein Gespräch über Deutschland mit Birgit Kraatz

Diogenes

Umschlagfoto von Fritz Reiss

Ohne die kritische und liebevolle Hilfe
meines heimlichen Koautors,
Michael Nesselhauf,
hätte dieses Buch seinen Verleger
nie pünktlich erreicht.
Danke Miguel!

Originalausgabe

100/86/8/1
ISBN 3 257 01720 0

Inhalt

Herr Brandt, Sie sind bald 73 Jahre alt. Mehr als 55 Jahre widmeten Sie der Politik. Sie waren Abgeordneter, Regierender Bürgermeister von Berlin, Außenminister und Bundeskanzler der Bundesrepublik. Seit mehr als zwei Jahrzehnten sind Sie Vorsitzender der Sozialdemokratischen Partei Deutschlands (SPD). Was ist Politik für Sie, von der Sie offensichtlich nicht lassen können? Pflicht, Passion oder vielleicht eine Art Krankheit?

Krankheit hoffentlich nicht. Obwohl es natürlich Perioden, schwierige Perioden gibt, über die man nur mit einem gewissen Maß an Besessenheit hinwegkommt.

Wenn ich mich aber zwischen Pflicht und Passion entscheiden müßte, dann eher für das zweite. Ich habe Kants kategorischen Imperativ für mich lange Zeit als »Tu deine verdammte Pflicht und Schuldigkeit!« übersetzt. Aber dann kam ich mehr und mehr dazu einzusehen, daß Politik nicht ohne Mitleidenschaft möglich ist – Mit-Leidenschaft, *compassion* im amerikanischen Sinn.

Die Politik, die mich bewegt, ist jedenfalls nicht möglich, ohne daß man sich durch die Nöte und die Sehnsüchte der vielen bewegen läßt, die man gar nicht alle kennen kann. Ich möchte an Entscheidungen mitwirken, die den Frieden sichern, und dazu beitragen, daß Menschen aus den breiten Schichten des Volkes mehr Gerechtigkeit erfahren.

Was bedeutet Ihnen Macht?

In Worten wie ›Macht‹ und ›die Mächtigen‹ liegt die Gefahr der Mystifikation. Gewiß, auch die Demokratie eröffnet ihren Vertretern Macht, und auch hier birgt sie Versuchungen und Fallen. Sie tut es allein schon durch die Begleitumstände: Man wird abgeschirmt, ist Schmeicheleien und gefilterten Nachrichten ausgesetzt, *läßt* lesen und *läßt* schreiben und womöglich nachdenken. Manchmal geht es auch gar nicht ohne, und keiner bleibt ganz unberührt davon.

Dabei liegt mir doch sehr daran, dem Klischee entgegenzutreten, welches Macht – im Sinne von öffentlicher Verantwortung – pauschal denunziert, so daß am Ende nur eine Variation übrigbleibt auf das Lied von der Politik als einem garstigen, schmutzigen Geschäft. Das kann sie wohl sein, wir wissen es, für Lumpen, für korrupte oder allzu unterwürfige Kreaturen. Recht begriffen aber ist sie eine Konsequenz aus der Verantwortung für unser Leben.

Wer Macht ausübt, ist oft ohnmächtiger, als andere meinen oder er selbst sich eingesteht. Wer bei Sinnen ist, so weiß ich mich zu erinnern, wird hin- und hergerissen zwischen Zweifel und Zuversicht, Resignation und Hoffnung.

Gerade wer ein Stück staatlicher Macht auszuüben hatte, sich dabei nicht über Gebühr wichtig nahm und nicht allzu sehr verbiegen ließ, der macht sich über die Grenzen des vernünftig Machbaren keine Illusion. Ich habe häufig genug erfahren, wie sich gerade der mächtig tat, der seine Ohnmacht, Hilflosigkeit und Unvernunft nur mühsam, oft allerdings besonders lautstark, zu überspielen suchte.

Ich muß es eher unangenehm komisch denn tragisch nennen, wenn Leute aufgrund eingebildeter, nicht einmal entlehnter Macht den Eindruck erwecken möchten, mächtig zu sein. Freilich können sie damit rechnen, daß nur selten ein unbefangenes und unerschrockenes Menschenkind – wie das in Hans Christian Andersens Märchen – darauf aufmerksam macht, daß der Kaiser ohne Kleider ist.

Ich kann nicht sagen, daß ich mich je besonders mächtig gefühlt hätte. Aber die dünne Luft der Vereinsamung hat mir wohl zu schaffen gemacht.

Es scheint, Sie empfinden Macht eher als Ohnmacht?

Wissen Sie, es gab einen Moment, in dem ich mich ganz auf mich gestellt fühlte. Das war jener Dezembermorgen in Warschau, als ich empfand, wie unzulänglich es sein würde, am Ghetto-Mahnmal nur den Kranz niederzulegen. Doch ein Gefühl von Ohnmacht war das nicht. Die Knie zu beugen war Ausdruck vorübergehender, relativer Macht im Dienste der Versöhnung und, wie ich hoffe, eines neu zu schaffenden Vertrauens zwischen Polen und Deutschen, Juden und uns anderen.

Als Schwäche mochte das denunziert werden von Leuten, die nicht zulassen wollten, daß einer ausbricht aus der Regel der in der Macht Etablierten. Wer Macht in diesem Sinne versteht und so nutzen will, stößt auf harte Hindernisse. Erschöpfung und Mutlosigkeit bleiben nicht aus.

Diesen Wechsel als Tragik zu sehen, hieße indes eine schicksalhafte Notwendigkeit des Scheiterns zu unterstellen, bedeutete Resignation und Fatalismus. Mein Freund Günter Grass hat in einer bemerkenswerten Rede zum

Dürer-Jahr davon gesprochen, wie »Melancholie und Utopie sich wechselseitig befruchten«. Er sprach von einer sich selbst begreifenden, aus Erkenntnis gewachsenen Melancholie, ja sogar von der »Komik des Scheiterns«. In der Tat, man unterschätze nicht die Bedeutung von Ironie, von Selbstironie, wenn die Macht menschlich bleiben soll.

Und die Selbstbegrenzung der Macht: Im selben Jahr wie Grass hatte ich, aus besonderem Anlaß, in Oslo zu reden. »Ich glaube an die Vielfalt und also an den Zweifel«, sagte ich damals. »Er ist produktiv. Er stellt das Bestehende in Frage. Er kann stark genug sein, versteinertes Unrecht aufzubrechen. Der Zweifel hat sich im Widerstand bewiesen. Er ist zäh genug, um Niederlagen zu überdauern und Sieger zu ernüchtern.« Ich habe nichts davon abzustreichen.

Sicher, manche empfinden *begrenzte* Macht als *doppelte* Ohnmacht. Mein Mitgefühl für die so Empfindenden hält sich in Grenzen. Falls Herrschaftslosigkeit möglich wäre, könnte ich das nicht unsympathisch finden. Mehr Eigenverantwortung statt Gängelei muß auch so möglich sein.

Macht? Für mich sind Zusammenarbeit, Mitwirkung und ein aus Erfahrung wie Vertrauen erwachsener Einfluß genug.

Das klingt wie die These des satirischen Bestsellers ›Que le meilleur perde‹ von Frédéric Bon und Michel Burnier, der in diesem Frühjahr in Frankreich erschienen ist: Nur keine Macht haben; denn wer die Macht hat, hat auch die Qual, ist für den Kurswert der eigenen Währung – nicht im monetären Sinne – verantwortlich.

Die These, daß man es heutzutage in unserem Teil der Welt am besten darauf anlege, nicht regieren zu müssen, ist auf intelligente Weise amüsant. Und es sieht so aus, als ob es die deutschen Christdemokraten darauf abgesehen hätten, dies zu bestätigen. Doch für die deutschen Sozialdemokraten kann ich verbindlich erklären, daß sie sich die These nicht zu eigen machen.

Ist es denn heute noch entscheidend, ob eine eher rechte oder eine eher linke Partei an der Macht ist? Denken Sie an Frankreich, wo die Sozialisten nahezu alle guten Vorsätze vergessen haben, mit denen sie angetreten waren, und mehr oder weniger freiwillig einen Weg einschlugen, den der jetzige Premierminister Jacques Chirac eigentlich nur fortsetzen muß?

Sie hätten auch sagen können, daß in Schweden und anderswo in Skandinavien der Sozialstaat im wesentlichen auch dann erhalten blieb, als die Sozialdemokraten zwischendurch in der Opposition und nicht an der Regierung waren. Nach den deutschen und den englischen Erfahrungen der letzten Jahre wird einem aber ziemlich klar, wieviel davon abhängt, daß die Lasten der Krise einigermaßen gerecht verteilt werden. Was Sie eine eher rechte Partei nennen, ist im deutschen Fall außerdem dabei, außenpolitisches Porzellan zu zerdeppern.

Das trifft Sie besonders?

Gelegentlich. Wissen Sie, ich bin stolz darauf, meinen Teil dazu beigetragen zu haben, daß die beiden verbliebenen Deutschland in einem Atemzug mit dem Wort ›Frieden‹

genannt werden können – ohne Mißverständnisse. Das war alles andere als selbstverständlich, und es bleibt alles andere als selbstverständlich. Daran rumzumachen oder andere daran rummachen zu lassen ist mehr als ärgerlich.

Halten Sie sich für unentbehrlich?

Natürlich nicht. Aber es wäre schon traurig, wenn man meine Abwesenheit nicht bemerkte.

Gab es Zeiten, in denen Sie aussteigen wollten?

Eigentlich nein. Zwar habe ich mich immer weiter entfernt vom blauäugigen Optimismus meiner frühen Jugend, doch war ich nie ohne Hoffnung, jedenfalls nicht ohne Freude am Leben.

Sind Sie nicht 1974 ausgestiegen, als Bundeskanzler, im Zusammenhang mit der Affäre Guillaume?

Ich habe damals ein Amt aufgegeben, nicht meine politische Aufgabe.

Ihr Rücktritt liegt jetzt zwölf Jahre zurück. Wann wollen Sie offen darüber reden?

Einiges kann und will ich erst sagen, wenn ich kein politisches Amt mehr habe. Es wird sich zeigen, ob es dann noch Sinn macht.

Bis heute sind Ihre Freunde, ja auch ein Teil Ihrer Gegner in der Partei überzeugt davon, daß Sie nicht hätten zurücktreten müssen. Gab es persönliche Gründe für Ihre Entscheidung?

Ja. Gewiß haben auch sehr persönliche Gründe eine Rolle gespielt.

Das macht neugierig.

Aber mich nicht gesprächig.

War Ihnen die Affäre Guillaume vielleicht gar willkommen, da Sie fühlten, daß der große Sieg von 1972 bereits Anfang 1974 verspielt war?

Nein, nein, einen Vorwand für den Verzicht auf das Kanzleramt habe ich bestimmt nicht gesucht. Doch kann ich Ihrer Vermutung, wir – die Bundesregierung mit Einschluß des Kanzlers – seien nach dem Wahlsieg vom November 1972 nicht gut genug gewesen, nicht widersprechen.

Den Brief, in dem Sie Ihren Rücktritt erklärten, schrieben Sie an den damaligen Bundespräsidenten Gustav Heinemann. Darin steht: »Ich werde weiterhin Politik machen, aber ich muß mich von dieser Last befreien, die mich erdrückt.« Was war damit gemeint?

Ich will *diese* Geschichte mal erzählen. Wenn ich mich richtig erinnere, schrieb ich diesen Brief an einem Sonntagabend, vielleicht war es auch ein Montagabend. Der damalige Vizekanzler und zukünftige Bundespräsident Walter Scheel war bei mir zu Hause. Ich sagte zu ihm: »Nun schreibe ich Heinemann.« Er antwortete: »An Ihrer Stelle würde ich mir sagen, daß sich das auf einer Arschbacke absitzen läßt.« Ich erwiderte: »Für mich ist nicht die Frage, bis zu welchem Punkt ich in der Lage bin, etwas zu ertragen, sondern bis zu welchem Punkt ich mich quälen und verfolgen lasse.« Ich war nicht bereit, mich einer sinnlosen Quälerei auszusetzen, die auch meine Partei und unsere Sache belastet hätte.

Herbert Wehner, Ihr früherer Stellvertreter in der Partei und deren Vorarbeiter in der Fraktion, gilt vielen als der entscheidende Motor Ihres Rücktritts. Wehner selbst – vor wenigen Monaten von seinem ehemaligen Mitarbeiter Knut Terjung befragt – sagte, ihn treffe keinerlei Mitverantwortung.

Ich habe nicht die Absicht, mich mit der von Ihnen erwähnten Publikation auseinanderzusetzen. Wehner ist gesundheitlich schwer angeschlagen. Da darf man so etwas nicht machen, finde ich.

Die für Sie wichtigste Eigenschaft eines Freundes – so erklärten Sie einmal – sei, daß Sie sich auf ihn verlassen könnten. War Ihre Beziehung zu Herbert Wehner vielleicht deshalb so gestört, weil Sie das Gefühl hatten, auf ihn sei kein Verlaß?

Wir waren nicht Freunde, sondern politische Weggefährten. Auch das hat Bedeutung.

Warum tun Sie sich so schwer, davon zu reden? Ihr gestörtes Verhältnis zu Herbert Wehner ist mittlerweile Geschichte.

Ich wüßte nicht, wem ich insofern etwas schuldig wäre.

Wissen Sie heute, was Sie hätten tun müssen, um ein besseres, vielleicht sogar gutes Verhältnis zu Wehner zu haben?

Nein, das weiß ich nicht.

Ist das Leben mit Genossen nicht auch fad?

Sie sollten das schöne Wort ›Genosse‹ nicht abwerten helfen. Aber es gibt natürlich auch dort solche und solche. Wer auf gescheite und menschlich angenehme Partner aus ist, braucht nicht enttäuscht zu werden.

Haben Sie sich nie gelangweilt? Haben die zahllosen Sitzungen in Gremien aller Art, Versammlungen, Wahlkämpfe, Diskussionen, Reden und Auseinandersetzungen Sie nicht auch ermüdet?

Sicher kann einem das Gequatsche, das einem gewissen Typ von Veranstaltungen eigen ist, auf die Nerven gehen. Doch darüber, daß vieles mehrfach durchgekaut werden muß, darf man sich nicht ärgern, denn es gehört zum demokratischen Prozeß.

Andererseits kann ich privates Wohlergehen nicht verabsolutieren, sondern mich beschäftigt immer auch das, was ich als Mitverantwortung für die anderen empfinde.

Seien Sie aber doch einmal ganz ehrlich. In der Opposition können Sie Urlaub machen, wann Sie wollen; reisen, wohin Sie wollen; Sie finden offene Türen, wo Sie sie offen wünschen, und der eigenen Ideologie geht's dabei bestens, weil sie nicht auf die Probe gestellt wird.

Ich habe schon gesagt, wo ich die Grenzen persönlichen Wohlergehens sehe. Im übrigen ist es natürlich nicht so, daß man Reisen und Urlaub machen kann, wie man möchte, wenn man Vorsitzender einer großen Partei und einer bedeutenden internationalen Organisation ist und wenn man außerdem noch Aufgaben eines Abgeordneten wahrzunehmen hat.

Nehmen wir einmal an, Sie wären noch Bundeskanzler. Was hätten Sie an Helmut Kohls Stelle im Zusammenhang mit dem Bombenangriff der USA auf Libyen gesagt und getan?

Ich will hieraus keine Polemik gegen Herrn Kohl machen. Aber davor, daß über die Köpfe der Europäer hinweg entschieden würde, hätte ich sicher mit allem Nachdruck gewarnt.

Was hätten Sie den Amerikanern geraten?

Erstens, das Problem des terroristischen Zentrums nicht über Gebühr zu vereinfachen. Zweitens, sich um den Nährboden des internationalen Terrorismus zu kümmern. Und drittens, die Relationen nicht aus den Augen zu verlieren. Der amerikanische Kommentator James Reston hat in der ›New York Times‹ daran erinnert, daß

1985 allein sechzigmal mehr Amerikaner in New York ermordet als im Ausland Opfer terroristischer Anschläge wurden.

Hätten Sie Europas Stimme mehr Gewicht verschafft?

Da sollte ich wohl nicht zu optimistisch sein.

Woran liegt es, daß Europa in den Vereinigten Staaten heute so wenig Prestige genießt und so wenig Einfluß hat?

Zum Teil liegt es daran, daß die Zahl der Politiker und Meinungsmacher in den USA, die etwas von Europa verstehen, stark zurückgegangen ist. Zum anderen wirkt sich natürlich aus, daß die europäischen Regierungen trotz allen Geredes so wenig Fähigkeit entwickelt haben, einen gemeinsamen Willen zu formulieren und den dann auch durchzusetzen.

Kein Wunder, wenn Europa sich vorwiegend mit Milchpreisen, Weingesetzen und Fleischzöllen beschäftigt.

Das gehört zu dem, was ich meine. Milch, Wein, Fleisch et cetera gehören natürlich zu den Materien, die in einer Wirtschaftsgemeinschaft geregelt werden müssen. Doch erstens ist das alles viel zu krämerhaft geworden, und zweitens ist die politische Dimension, zumal auch die sicherheitspolitische, überaus unterentwickelt geblieben.

Welche spezifische Verantwortung an diesem Zustand Europas trifft die Regierungen der Bundesrepublik?

Die anderen waren und sind auch nicht besser. Die deutsche Regierung hätte, wegen des Gewichts der Bundesrepublik, eine besondere Pflicht, den Abstand zwischen feierlichen Reden und kümmerlichen Taten nicht noch größer werden zu lassen.

Konsultiert wurden die europäischen Verbündeten vor dem Angriff auf Libyen nicht. Widerspricht die Art, wie die Reagan-Administration Europa vor vollendete Tatsachen stellte, nicht dem Geist des NATO-Vertrages?

In der Tat, hier sind Dinge durcheinandergeraten, die wieder ins reine gebracht werden müssen.

Muß der NATO-Vertrag neu verhandelt werden?

Das ist nicht zwingend. Die notwendigen Klärungen erfordern nicht einen neuen Vertrag.

Hat das Verhalten der USA nicht vor Augen geführt, daß die NATO-Länder besetzte Länder sind?

Nein, so würde ich das nicht nennen.

Was halten Sie von dem Vorschlag, die USA sollten aus der NATO austreten oder ausgeschlossen werden?

Das wäre dann kein westliches Bündnis mehr. Beide Seiten gehen davon aus, daß die beiden deutschen Staaten ihrem jeweiligen Bündnis zugeordnet sind. Ich glaube, die Sowjetunion würde sehr erschrecken, wenn die Bundesrepublik aus der NATO rausginge. Die wollen ja auch nicht, daß die DDR den Warschauer Pakt verläßt. Das paßt nicht in das Weltsystem, wie es ist.

Ich wiederhole: Ohne Amerika wäre die NATO kein westliches Bündnis mehr. Dieses Bündnis muß man reformieren, vielleicht auch anders strukturieren, aber es muß ein Bündnis zwischen Westeuropa und den USA bleiben.

Wie könnte eine reformierte NATO aussehen?

Ein Vorschlag liegt seit langem auf dem Tisch, seit 1963, als John F. Kennedy während seiner Deutschland-Reise von den zwei Pfeilern sprach. Die NATO, so meinte er, müsse zu einer Zwei-Pfeiler-Organisation entwickelt werden – der eine Westeuropa, der andere USA plus Kanada. Dazu ist es nie gekommen. Teils weil die Europäer nicht hinreichend fähig gewesen sind, sich wirklich zusammenzuraufen und ihre Sicherheitsinteressen gemeinsam zu definieren, teils weil die Amerikaner nicht wirklich gefördert haben, was bei ihnen selbst als mögliches Modell oder als Zielvorstellung entwickelt worden war. Aber das wäre dann natürlich eine Ummodelung.

Eine andere Anregung ist aktueller und stammt von Henry Kissinger. Der meinte dieser Tage, die USA sollten sich überlegen, ob sie nicht Teile ihrer Streitkräfte aus den integrierten NATO-Verbänden herausnehmen sollten, um sie für Aufgaben außerhalb des Territoriums der NATO einsetzen zu können.

Da steckt natürlich ein bißchen Reaktion auf die Schwierigkeiten drin, die die USA wegen ihres Angriffs auf Libyen mit Europa hatten. Aber man hat es hier doch mit einer wesentlichen Einsicht zu tun: Die NATO wird schwer belastet, wenn ihr etwas aufgebürdet wird, was zwar im Interesse der USA liegen mag, nicht aber in dem der europäischen NATO-Partner.

Das sind Vorschläge von Amerikanern. Haben Sie eigene?

Ich kann mir eine Menge Reformen vorstellen. Bis dahin, daß Zonen geschaffen werden, die frei von Massenvernichtungsmitteln sind. Die SPD sondiert, ob es nicht möglich ist, das Gebiet der beiden deutschen Staaten zusätzlich weiterer Gebiete im Osten und weiterer Gebiete im Westen, etwa den Benelux-Ländern und Dänemark, von chemischen Waffen freizumachen. Wenn es möglich ist, wird eine SPD an der Regierung dies durchsetzen.

Warum soll zum Beispiel der Palme-Ansatz eines atomwaffenfreien Gürtels quer durch Europa nicht verhandelbar sein, sowohl mit den Amerikanern wie zwischen NATO und dem Warschauer Pakt? Es liegt doch in aller Interesse, wieder Freiräume für politische Entscheidungen zu schaffen, zu verhindern, daß letztlich Apparaturen, Computer in Sekundenschnelle entscheiden, welche Waffen – sei es als Angriff, sei es zur Verteidigung – auf ihren tödlichen Weg geschickt werden.

Das heißt doch aber, daß die beiden Blöcke überwunden werden müssen.

Die Überwindung der Blöcke erreicht man nicht an den beiden Weltmächten vorbei, sondern nur mit ihnen und schließlich durch sie.

Widerspricht dem nicht Gorbatschows Versuch, jedenfalls in Sachen SDI, eine Art Allianz mit den Europäern herzustellen?

Die sowjetische Politik hätte, auch wenn sie nicht so vernünftig wäre, wie sie sich gegenwärtig darstellt, natürlich nichts dagegen, wenn sie stark differenzieren könnte im Westen. Das liegt in der Natur von Machtpolitik.

Aber die Vorstellung, mit den Europäern könne man auf bestimmten Gebieten vielleicht etwas besser vorankommen als mit dem eigentlichen Widersacher, steht nicht im Widerspruch dazu, daß die sowjetische Führung weiß, wie die Welt aussieht und wo ihr eigentliches Problem liegt.

Im übrigen finde ich es hochinteressant, wie die sowjetische Politik unter Gorbatschow eine Menge von dem übernommen hat, was meine Freunde und ich schon seit einigen Jahren das Konzept der ›gemeinsamen Sicherheit‹ nennen, daß nämlich heute mehr wirkliche Sicherheit nicht mehr gegen den anderen erreicht werden kann, sondern nur noch mit ihm gemeinsam.

Führt das aktuelle Übergewicht des Militärischen nicht zu der Frage, ob Politik überhaupt noch möglich ist?

Der politische Spielraum ist, gerade auch in den USA und auf andere Weise in der Sowjetunion, über die Jahre eingeengt worden, das ist richtig. Dabei liegt die größte Gefahr am Ende gar nicht in dem, was Strategen und Machtausübende wollen oder nicht wollen. Sie liegt, fürchte ich, darin, daß die Zerstörungsapparate in West und Ost uns beherrschen und nicht wir sie. Diese ungeheuerlichen Zerstörungspotentiale verselbständigen sich, entziehen sich menschlicher, politischer Kontrolle. Es braucht vielleicht das aktiv Böse gar nicht mehr, das Banale selbst tritt an seine Stelle. Die Gefahr wächst zusehends, daß irgendwann eine Kettenreaktion ausgelöst wird, die mehr von Zufällen, Halbbewußtheiten, vermeintlichen Zwängen genährt werden wird als von Kalkül oder auch Bosheit.

Ich bin zum Beispiel überzeugt davon, daß die militärische Führung der Sowjetunion eine ursprünglich anders konzipierte Zerstörungsmaschine eigenmächtig zur berüchtigten ss-20 umgepolt hat. Eigenmächtig heißt, daß die politische Führung davon erst erfuhr, als der Schritt getan war.

Hat Ihnen das Breschnew gesagt?

Das hat er mir nie direkt bestätigt, aber er hat es auch nicht bestritten. Von Präsident Eisenhower, also noch aus den fünfziger Jahren, stammt der Hinweis auf das wachsende Gewicht dessen, was er den *»military-industrial complex«* nannte. Den gibt es unabhängig davon, ob Zerstörungsmaschinen in privat- oder staatswirtschaftlichen Unternehmungen entwickelt und gefertigt werden. Der beträchtliche Einfluß von Geheimdiensten kommt hinzu. Auf der einen wie auf der anderen Seite gibt es Situationen, in denen der Vorrang der politischen Führung zur Fiktion wird, weil diejenigen objektiv stärker geworden sind, die an den Schalthebeln der Waffenentwicklung sitzen. Hinzu kommen die von den meisten noch nicht annähernd erkannten immensen Gefahren, die sich daraus ergeben müssen, daß es von einem banalen Fehler in der Datenverarbeitung abhängen kann, ob etwas in Gang gesetzt wird, woran viele Menschen oder große Teile der Menschheit überhaupt zugrunde gehen. Und über die in ihren Konsequenzen noch kaum zu erfassende Militarisierung des Weltraums wird gewiß ohne hinreichende Sachkenntnis, vielmehr aufgrund von Zwangsvorstellungen entschieden.

Der amerikanische Angriff auf Tripolis und Benghasi scheint mir ein Musterbeispiel für einen solchen Sieg der Zerstörungsapparate über den Willen zu politischen Lösungen zu sein. Ein Wille, der in Europa, von Margaret Thatcher abgesehen, überall zu spüren ist. Jeder Sieg reiner Machtpolitik macht es zunehmend unmöglich, die andere Seite zu verstehen und ihr zu vertrauen.

Im Sinne Ihrer Frage beziehungsweise der West-Ost-Politik war die libysche Führung natürlich nicht ›die andere Seite‹.

Gleichzeitig läßt sich nicht bestreiten, daß zusätzlich gewaltige Gefahren entstehen, wo immer der Boden des Rationalen verlassen wird. Wenn Sie Berichte über das heillose Durcheinander, das sachliche und personelle Chaos, lesen oder hören, das da zu finden ist, wo man die Schaltzentralen westlicher Macht vermutet, muß einem angst und bange werden.

Das gilt ja wohl nicht nur im Fall Libyen?

Wir dürfen, ob Afghanistan oder Naher Osten, ob Polen oder Türkei, ob Südafrika oder Lateinamerika, nicht schweigen, wenn die Mächtigen Unrecht bewirken und den Ost-West-Konflikt in immer weitere Teile der dritten Welt exportieren.

Wir müssen mit der Umlenkung von Mitteln beginnen, von der weltweiten Rüstung weg, hin zur weltweiten Förderung produktiver Aufgaben.

Und wir müssen unseren Bündnispartner USA von einer Politik, einer verhängnisvollen Politik, abbringen, die immer wieder und derzeit besonders massiv von der abwegigen Annahme bestimmt wird, soziale Krisen ließen sich mit den Mitteln oligarchischer und militärischer Macht lösen. Das Recht und die Pflicht, uns einzumischen, erwächst gleichermaßen aus Moral und Vernunft.

Kollidiert die Ostpolitik Brandt-Bahrscher Prägung mit den machtpolitischen Interessen der USA?

Sehen Sie, der Beginn aktiver Friedenspolitik war seinerzeit möglich, obwohl die eingespielten Regeln des außenpolitischen Spiels strapaziert werden mußten. Damals kam uns zugute, daß sich gemeinsame europäische Interessen anzudeuten begannen, ohne mit den Interessen der beiden Weltmächte zu kollidieren. Heute mag das etwas anders aussehen. Jedenfalls würde ich die Frage nicht auf die deutsche Ostpolitik einengen.

Und wie Libyen zeigt: Europäische Interessen werden nur dann ernstgenommen, wenn europäische Regierungen sie selbstbewußt vertreten. Im übrigen glaube ich nicht, daß irgendein vernünftiger Mensch in Washington der Meinung gewesen sein kann, Rußland lasse sich in Libyen schlagen.

»Die rabiaten Eigenheiten russisch-sowjetischer Großmachtpolitik«, so sagten Sie 1983 auf dem Evangelischen Kirchentag, »waren und sind nicht zu übersehen.« Hat sich

an Ihrer Sicht etwas geändert, seit Gorbatschow Generalsekretär geworden ist?

Großmächte bleiben Großmächte, ohne daß ich ihre ideologischen Ausrichtungen unterschätze. In der Sowjetunion ist mit Gorbatschow eine Führung entstanden, die die Gefahren erkannt hat und meines Erachtens wirklich um Friedenssicherung bemüht ist. Gewiß auch der eigenen Interessen wegen. Es wäre ein Jammer, wenn der Westen Gorbatschow ins Leere laufen ließe.

Was ist für Sie heute Entspannungspolitik? Welchen Teil dieser im eigentlichen Sinne politischen Arbeit kann die Bundesrepublik leisten?

Zum einen müßte es um eine zweite Phase der Ostpolitik gehen, bei der alles aktiviert wird, was sich ökonomisch, kulturell, umweltpolitisch zwischen den Staaten Europas voranbewegen läßt. Zum anderen ginge es um eigenständige Initiativen auf den Gebieten von Rüstungsbegrenzung und Abrüstung. Zum Beispiel auch, ich wiederhole den Vorschlag der deutschen Sozialdemokraten, in Form von Zonen, die von Massenvernichtungsmitteln freigemacht werden.

Sind die Chancen der SPD, als Sieger aus den kommenden Bundestagswahlen hervorzugehen, durch das Reaktorunglück in Tschernobyl gestiegen?

Die SPD hat sich vor Tschernobyl gegen die Plutonium-Wirtschaft, gegen Wiederaufbereitungsanlagen und für den schrittweisen Ausstieg aus der Kernenergie entschieden. Diese Entscheidungen mögen durch Tschernobyl zusätzliches Gewicht bekommen haben.

Ich glaube, daß Tschernobyl bei vielen Menschen einen Denkprozeß in Gang gesetzt, bei vielen anderen gefördert hat. Die Überlegung nämlich, ob der Mensch eigentlich alles tun darf, wozu ihm Wissenschaft und Technik die Möglichkeit geben. Das gilt nicht nur für Atomwaffen und sogenannte friedliche Nutzung der Atomenergie; das gilt auch für gewisse Aspekte der Raumfahrt, für Gentechnik, Gentechnologie.

Das sind alles Bereiche, die zahlreichen Menschen Angst einflößen und die Politiker zwingen werden, sich nicht nur über die Freiheit der Wissenschaft, sondern auch über die Verantwortung für die Technik klarzuwerden. Die Politiker dürfen sich nicht um die Entscheidung drükken, was sich, technisch gesehen, entfalten darf und was nicht.

Es gibt keine machtfreie Idylle mehr im Zeitalter der Verflechtung. Ohne Kontrollen im eigenen Land, in Europa und zwischen den Blöcken wird es ein würdiges Überleben nicht geben, vermutlich auch nicht ohne ein kraftvolles Aufbegehren gegen die vielfachen Gefahren nicht nur der Atomisierung. Es kommt sehr darauf an, sich nicht zwischen den Mühlsteinen ungeprüfter Abergescheitheit, überkommener Denkgewohnheiten und antiquierten Krisenmanagements zerreiben zu lassen.

Die Zweifel, ob alles gemacht werden darf, was technisch machbar ist, sind berühmten Physikern eher gekommen als den Politikern.

Ja. Schon Albert Einstein fürchtete, mit der Nutzung der Atomkraft setze die Menschheit etwas in Gang, was zu ihrer Vernichtung führen könne.

Otto Hahn, den ich ganz gut gekannt habe, und Lise Meitner, seine enge Mitarbeiterin, versuchten sich damit zu trösten, daß man von dem Schrecklichen, wie Hiroshima, wegkommen werde hin zu *friedlicher* Nutzung der Atomkraft.

Heute sagt Carl Friedrich von Weizsäcker, der damals einer der jungen Leute in der Crew der Atomphysiker war, man müsse – weil die Atomenergie nicht unter Kontrolle zu halten sei – aussteigen, wenn die Menschheit nicht zugrunde gehen solle.

Wie wird der Ausstieg aussehen, wenn die SPD die Bundestagswahl 1987 gewinnt?

Wir werden noch in diesem Jahr einen realistischen Ablauf- und Zeitplan erarbeiten, der uns als Anleitung bei Umstieg und Ausstieg dienen wird. Wenn der Ausstieg sozial, ökonomisch, aber auch ökologisch glimpflich vor sich gehen soll, dann muß man ja sehr viel mehr tun, als bloß x-mal den Schalter umzulegen.

Zurück zur Bundestagswahl. Auch die CDU gibt sich siegessicher.

Siegeszuversicht ist ein verständliches Verhalten derer, die am Ruder sind: Die SPD war bei der letzten Bundestagswahl unter die Vierzig-Prozent-Marke geraten, sie liegt jetzt in allen seriösen Befragungen mit der CDU/CSU in etwa gleich, und bis zur Wahl ist noch etwas Zeit. Der

Kandidat der SPD findet mehr Zustimmung als seine Partei und steht auch weit besser da als der Spitzenmann des Regierungslagers. Also, ich glaube, die SPD hat den Erfolg zwar nicht in der Tasche, aber sie hat eine gute Chance.

Glauben Sie wirklich, daß ein so lauer Mann wie Johannes Rau Zugkraft genug hat, um diese schwierige Wahl zu gewinnen?

Sie sehen Johannes Rau falsch. Jemand, der in Nordrhein-Westfalen, dem größten Bundesland, im Mai 1985 die Wahl glänzend gewonnen hat, der die Mehrheit der Stimmen erzielt hat, der hat im ganzen eine gute Startposition. Dazu muß man wissen, daß Nordrhein-Westfalen nicht, wie viele glauben, traditionell ein von der SPD geprägtes Bundesland war. Die SPD ist dort erst zwanzig Jahre nach dem Krieg ganz nach vorne gekommen. Erst im Jahr 1966 hat sie fast die Hälfte der Mandate errungen.

Alle Befragungen zeigen überdies, daß der Kandidat Rau einer ist, der in Norddeutschland wie in Süddeutschland gleichermaßen gut angenommen wird; in seinem eigenen Land, Nordrhein-Westfalen, verständlicherweise mit zusätzlichem Bonus. Und dann ist er ganz und gar nicht lau. Er ist ein auf Zusammenführung orientierter Mensch. Wo immer es geht, will er versöhnen statt spalten. Das ist nicht etwas Aufgesetztes. Das ist er selbst.

Der zündende Funke fehlt, und für meinen Geschmack auch der zündende, mitreißende Mann.

Rau kann und wird ein streitbarer Mann sein. Wenn es um die Auseinandersetzung mit dem schrecklichen Egoismus und dem Konkurrenzkult der aktuellen Politik geht, dann steht die ganze Problematik des Sozialstaates zur Diskussion.

Was soll das heißen?

In Artikel 20 des Grundgesetzes ist die Bundesrepublik darauf verpflichtet, ein demokratischer und sozialer Rechtsstaat zu sein – nicht ein Land, in dem einer des anderen Wolf ist.

Gerechtigkeit in einem Sozialstaat, in dem ein Großteil der Arbeiter bereits Mittelstand ist, Eigenheim und Auto besitzt, bedeutet in jedem Fall, daß Privilegien auch des Mittelstandes gestrichen werden müssen. Kann die SPD damit die Wahl gewinnen?

Die Arbeiter, die sich für ihr Eigenheim ein halbes Arbeitsleben krummlegen, zähle ich nicht zu den Privilegierten. Aber davon mal abgesehen: Wir wollen deutlich machen, daß sich aus der Verschmelzung von Rechtsstaat und Sozialstaat ein Kulturstaat entwickeln läßt. Bei der kämpferischen Auseinandersetzung mit den illiberalen und kulturfeindlichen Elementen in unserer Gesellschaft wird jeder auf seine Kosten kommen.

Wer sind denn die kulturfeindlichen Kräfte?

Wie ich schon andeutete: die Ideologen des Konkurrenzkults und des neuesten Sozialdarwinismus, die sich Belegschaften aus lauter Olympiasiegern und Schulklassen mit lauter kleinen Einsteins wünschen. Nichts gegen Olympiasieger und schon gar nichts gegen Einstein – aber hier werden seit Jahren die Massenarbeitslosigkeit und der strukturelle Umbruch in der Wirtschaft zu einem heuchlerischen Feldzug gegen den Wunsch der kleinen Leute nach einem anständigen Leben ausgebeutet. Das nenne ich kulturfeindlich.

Ist die Sozialdemokratie nicht mit der Krise des Wohlfahrtsstaates am Ende ihrer Weisheit, und das nicht etwa nur in der Bundesrepublik?

Es kommt darauf an, was man unter Sozialstaat versteht. Damit ist ja nicht gemeint, daß die ganze Bundesrepublik Deutschland eine große gewaltige Ortskrankenkasse werden soll, mit staatlichen Garantien für alles und jedes. Aber gerade wir in der Bundesrepublik haben doch erfahren, wie sehr der soziale Frieden und das Bemühen um sozialen Ausgleich, bei allen sonstigen Unzulänglichkeiten, eine produktive Rolle spielen. Und es gibt ja auch aufgeschlossene Unternehmer, die das erkennen.

Ich glaube, die große Mehrheit unseres Volkes ist sich darin einig, daß der Sozialstaat bewahrt und weiterentwickelt werden muß.

Das werden wir nicht dadurch erreichen, daß wir immer noch ein bißchen mehr an staatlicher Regelung zulegen. Leben heißt vor allem auch, auf eigenen Füßen stehen. Das ist ein Gebot der Menschenwürde. Es darf nicht alles immer noch weiter in die Richtung von staatlicher Organisation gehen. In dem Maße, in dem wir die Arbeitszeit verkürzen, wird es nicht schaden, die Menschen in wichtigen Bereichen dazu anzuhalten, sie zu ermuntern, zu stützen, daß sie wichtige soziale Aufgaben in die eigene Hand nehmen und nicht alles der staatlichen Gemeinschaft überlassen.

Wird das in Deutschland je funktionieren?

Eine Alternative gibt es nicht. Ich glaube nicht daran, daß man die Auseinandersetzung um den Wohlfahrtsstaat einfach dadurch abschließen kann, daß man sagt, hier machen wir jetzt einen Punkt. In der Bundesrepublik haben wir es zu tun mit einer Rückentwicklung auf einer Reihe von wichtigen Gebieten. Rückentwicklungen, die zum Beispiel deshalb so bedenklich sind, weil die Bildungschancen erneut eingeengt werden. Wir waren mal auf dem Weg, guten Gewissens sagen zu können, es sei für Mädchen, für Arbeiterkinder, für Bauernkinder im Grunde nicht viel schwerer, eine gute Ausbildung zu bekommen als für Kinder aus sogenannten besseren Familien. Diese Entwicklung ist jetzt rückläufig.

Helmut Kohl hat uns beigebracht, daß Kultur ein leeres Versprechen bleibt, wenn die Reserven durch den Sozialstaat aufgebraucht sind.

Das hängt nicht nur mit dem Sozialen zusammen, sondern mit der Schnittlinie zwischen sozialem und demokratischem Staat. Wenn diese Tendenz zunimmt, dann ist dies auch eine Rückentwicklung, was die demokratische Substanz des Staates angeht. Ohne gleichen Zugang zu den Bildungsmöglichkeiten wird die Demokratisierung einer Gesellschaft schwerlich vorankommen.

Einverstanden: Der Sozialstaat Bundesrepublik darf nicht zu einer großen Ortskrankenkasse verkommen. Woran liegt es aber, daß die Politik der SPD, auch die zähflüssige und zahme Art, mit der sie betrieben wird, den Verdacht nahelegt, genau dies sei sozialdemokratisches Ziel?

Eine breite, große, auf Mehrheit angelegte linke Volkspartei kann nicht zugleich eine Proklamationspartei sein. Das geht nicht zusammen.

»Der Tanker ist kein Surfbrett«, formulierte das Peter Glotz. Was hindert eine große Partei, beweglich zu bleiben?

Wenn Sie die Mehrheit nicht irgendwann, sondern hier und jetzt anstreben, dann erfordert das einen Preis. Dann können Sie sich nicht einfach lösen von dem, was das Denken und Empfinden, das gesellschaftliche Empfinden der Menschen ausmacht, die Sie gewinnen wollen. Sie können nicht zu gleicher Zeit Mehrheitspartei und Avantgarde sein. Aber in einer Partei vom Typ der SPD muß gleichwohl das avantgardistische Element drin sein.

Dann muß das neue Grundsatzprogramm der SPD deutlich anders ausfallen als das Godesberger Programm.

Der Entwurf wird im Juni veröffentlicht. Die Grundentscheidungen, Grundsätze und Grundwerte des Godesberger Programms von 1959 werden bestätigt. Aber das Neue nimmt weit mehr Platz ein als das Alte. Sehen Sie, in Godesberg galt zum Beispiel noch die optimistische Prognose eines letztlich ungebremsten Wachstums; das sehen wir heute anders. Breiten Raum nehmen die Themenbereiche Technik und Ökologie, die Gleichstellung von Frau und Mann und die Dritte-Welt-Problematik ein.

Die Frage, was Arbeit künftig bedeuten soll, wird ein eigenes Kapitel sein; es geht darum, das Verhältnis derer, die arbeiten, zum Produkt ihrer Arbeit neu zu gestalten. Das ist eine Menge Futter für intensive Diskussionen.

Reicht das aus, um die Zwanzig- bis Vierzigjährigen anzuziehen, mit deren Stimmen Sie 1972 gesiegt haben?

Zuerst könnte man zurückfragen, was die Zwanzig- bis Vierzigjährigen sich überhaupt vorstellen. Es gibt solche und solche. Meine Erfahrung ist, daß sich in den letzten paar Jahren ein größerer Teil der Jüngeren wieder für die Art von Zukunft interessiert, an der den Sozialdemokraten liegt. Das gilt für die Zwanzigjährigen in der Bundesrepublik vielleicht anders als für die Dreißig- oder, nochmal anders, für die Vierzigjährigen. Die ganz Jungen verstehen wieder, was Reformen bedeuten. Es ist ein mühseliges Geschäft, manchmal ein bißchen farblos, leider.

Fürchten Sie nicht, daß die jüngeren Wähler und der politische Nachwuchs zu den Grünen überlaufen?

Nein, jetzt nicht mehr. Wir hatten eine Zeit, da gingen uns einige Jahrgänge weitgehend verloren. Aber das ist seit dem, was bei uns von den Rechten »die Wende« genannt wurde, glücklicherweise vorbei. Zur Überwindung der Rückwende meinen Teil beigetragen zu haben, bin ich ein bißchen stolz.

»Die Hoffnung auf eine theoretische Konzeption, die alles löst, ist den SPD-Enkeln in den siebziger Jahren verlorengegangen«, urteilt Nina Grunenberg in ihrer ›Zeit‹-Serie ›Zu nett, zu blaß, zu satt‹ über die Nachwuchsstars in Bonn. Es fehlten »Charakterköpfe, in denen politische Leidenschaften loderten«.

Ich will Frau Grunenberg nicht zu nahe treten, aber dieses Urteil geht schon beträchtlich an der Wirklichkeit vorbei. Es mag ja sein, daß manche aus dieser Gruppe, die mir am Herzen liegt, mittlerweile übertrieben cool und staatsmännisch auftreten, aber daß da nichts mehr brenne und keine Charaktere drunter seien, das stimmt einfach nicht.

Oder glauben Sie, der Weg, den die SPD seit dem Frühjahr 1983 zurückgelegt hat in Sachen Gleichstellung der Frau, Erhaltung der natürlichen Lebensgrundlagen, Friedenspolitik, Zukunftssicherung der gesellschaftlichen Arbeit, wäre gegangen worden ohne Leute wie Volker Hauff und Björn Engholm, die beide schon erfolgreiche Bundesminister waren, ohne Oskar Lafontaine und Gerhard Schröder, Heidemarie Wieczorek-Zeul und Anke Brunn, Karl-Heinz Hiersemann (Franken), Rudolf Scharping (Rheinland-Pfalz), Dieter Spöri (Baden-Württemberg) und manch andere, die schon im Bundestag sind, auch wenn sie einem breiteren Publikum noch nicht hinreichend bekannt gemacht werden konnten?

Gerhard Schröder, der SPD-Spitzenkandidat bei der Landtagswahl in Niedersachsen, behauptet, er habe sich ohne die Hilfe der Partei nach vorne geackert.

Also, ohne die Hilfe aus der Partei kommt auch in Niedersachsen keiner ganz nach vorn, und als Freund von Gerhard Schröder könnte ich nicht reinen Gewissens sagen, daß er ohne Freunde sei. Richtig ist, daß keiner ganz nach vorne kommt, wenn er oder sie selber nichts dazutut. Wie Schröder es geschafft hat, macht ihn zu einem der Charakterköpfe, deren Existenz zu Unrecht bestritten wurde.

Unter den Namen, die Sie aufzählten, waren nur zwei Frauen.

Ja; die eine ist Anke Brunn, Wissenschaftsministerin in Nordrhein-Westfalen und wahrscheinlich Mitglied im nächsten Parteivorstand; die andere ist Heidemarie Wieczorek-Zeul, frühere Juso-Vorsitzende und mittlerweile gestandene Europa-Abgeordnete, die jetzt in den Bundestag geht. Aber es fiele nicht schwer, aus der Bundespolitik und aus den Ländern weitere überzeugende Namen zu nennen.

Warum tut sich die SPD mit der Förderung von Frauen so schwer?

Ja, genau weiß ich das auch nicht. Es bewegt sich jetzt aber eine ganze Menge. Wenn Sie eine Partei haben, in der die Frauen dreißig Prozent der Mitglieder stellen, müssen sich die Frauen gewiß auch selbst rühren, sonst räumt ihnen niemand die Plätze.

Das haben die SPD-Frauen verstanden. Im nächsten Bundestag werden voraussichtlich vierzig weibliche Abgeordnete der SPD sitzen; im jetzigen gibt es etwa zwanzig SPD-Frauen.

In der Hamburger Bürgerschaft, wie das Landesparlament dort heißt, werden nach der kommenden Wahl zum Beispiel ein Drittel der SPD-Abgeordneten Frauen sein. In immer mehr Bezirken und Gremien besetzen die Frauen bis zu einem Drittel der Stühle. Haben die Frauen erstmal die Drittelgrenze überschritten, wird die Frage, finde ich, irrelevant. Dann werden sie mal etwas mehr, mal etwas weniger Platz als die Hälfte einnehmen. Entscheidend ist, daß die Drittelschwelle einmal genommen wird.

War es bürokratisches Denken oder parteiinternes Patriarchat, das den Frauen im Wege stand – in einer Partei, in der es eine so feurige Kämpferin wie Rosa Luxemburg gab?

Das ist eine gute Frage.

Die SPD hat sich zwar vor allen anderen Parteien die Frauenfrage gestellt. August Bebel schrieb ein Buch über die Frau und den Sozialismus, beging dabei allerdings den großen Irrtum zu behaupten, die Frauenfrage leite sich mehr oder weniger automatisch aus der Klassenfrage ab. Nach dem Ersten Weltkrieg hat die SPD das Frauenwahlrecht durchgesetzt.

Aber: Innerhalb der Partei lebten all die konservativen Strukturen fort, die es den Frauen schwermachten. Und Rosa Luxemburg hat die Frauenfrage nicht gerade vorwärtsgebracht.

Warum?

Man sagte damals, sie sei der einzige Mann in der Partei.

Ob Frau oder Mann, eines scheint mir gleichwohl sicher. Die wenigen guten Köpfe in der Partei haben es schwer gegen das geballte Mittelmaß. Mit den Worten von Johannes Rau: »Das mittlere Management in der Partei sitzt auf den Rängen und schaut zu, was der in der Manege treibt.« Woran liegt es, daß die Dreißig- bis Vierzigjährigen in der Partei, die als Führungsnachwuchs in Frage kommen, so angepaßt sind?

Johannes Rau ist kein Kronzeuge für die Behauptung, von der Sie nicht lassen wollen. Ich erlebe die Dreißig- und Vierzigjährigen nicht annähernd so müde und angepaßt, wie das bei Ihnen klingt. Vielleicht verwechseln Sie das mit einer gewissen, manchmal etwas irritierenden Nüchternheit und Abgeklärtheit, die ein Zeichen dieser neuesten Zeit zu sein scheint, übrigens international.

Helmut Schmidt hat sich dem Widerspruch aus der Partei systematisch entzogen, sich Widerspruch sogar verbeten. Zieht man so nicht Konformisten heran?

Das kann man so nicht sagen. Helmut Schmidt konnte als Bundeskanzler ungeduldig werden. Aber er hat doch immer wieder viele, viele Stunden für innerparteiliche Diskussionen aufgewendet.

Leidet die SPD nicht an einer Art Apparatschik-Mentalität? Gerade jüngere Bundestagsabgeordnete beklagen sich darüber, daß die ›Baracke‹ in einem Kleinkrämergeist steckengeblieben ist und Neues – Ideen, Initiativen oder neue Profile – nicht wahrnimmt, manchmal sogar unterdrückt, geschweige denn fördert.

Das ist viel zu selbstgerecht formuliert.

Ihr politischer Werdegang, Herr Brandt, hat, wenn man an Ihre ersten Stationen in den fünfziger Jahren denkt, auch darunter gelitten, daß die Parteizentrale in Bonn Sie erst als Kandidat aufstellte, als sie an Ihrer Popularität nicht mehr vorbeikonnte. Sie wurden erst 1956, damals schon über vierzig Jahre alt, an die Spitze des Berliner Parlaments gewählt, weil eine Art Volksbewegung Sie hochtrug. Von einem Polizeisprecherwagen aus hielten Sie nach dem Ungarn-Aufstand mit einem beispielhaft mutigen Einsatz in Berlin die erregte, zum Teil tobende Massendemonstration auf, die am Brandenburger Tor ohne Willy Brandt in die entsicherten Gewehre der Vopos marschiert wäre. Erst danach hat die SPD Sie als Politiker zur Kenntnis genommen und Sie zum Regierenden Bürgermeister von Berlin gemacht.

1955, als ich Präsident des Berliner Abgeordnetenhauses wurde, war ich schon mehrere Jahre im Bundestag. Auch war ich Stellvertretender Vorsitzender der Berliner Sozialdemokraten. Daß ich durch eine Art ›Volksbewegung‹ ganz nach vorn getragen wurde, bezieht sich auf das Jahr 57, bei der Wahl zum Regierenden Bürgermeister. Daß man als etwas aus dem Rahmen fallender Politiker auch auf Widerstände stößt, ist die verständlichste Sache der Welt.

Hatte nicht auch Helmut Schmidt seine Bonner Karriere bereits abgeschlossen, als er 1962 als Innensenator nach Hamburg ging? Und wurde nicht auch er erst wieder nach Bonn gerufen, als seine Popularität, die er mit seinem Ein-

satz bei der Flutkatastrophe erworben hatte, nicht mehr ignoriert werden konnte?

Nein, als Helmut Schmidt gebeten wurde, 1965 wieder für den Bundestag zu kandidieren, zählte vor allem der Sachverstand, den er auf militärischem Gebiet einzubringen hatte.

»Eine soziale Republik braucht die Radikalität genauso wie den Willen zur Mäßigung.« Das stammt von Ihnen. Wo ist die Radikalität der SPD geblieben?

Sie ist da, und sie hat sich auf gelegentlich verblüffende Art in ein und derselben Person mit dem Willen zur Mäßigung verbunden. Das ist, glaube ich, der springende Punkt. Ich bin darüber nicht unglücklich. Es macht die Partei stärker, als wenn das eine und das andere in zwei einander entgegengesetzte Strömungen zerfallen wäre.

Irgendwann hat die SPD als linke Partei einen Zug verpaßt. Anders hätten die Grünen doch überhaupt keine Chance gehabt?

Daß man gelegentlich einen Zug verpaßt, gehört zum Leben. Daß man sich danach bemüht, den nächsten nicht auch zu verpassen, ebenso. Das ist, sozusagen, eine urtümliche Dialektik. Ich gebe zu, daß wir den Grünen den Aufstieg erleichtert haben. Ob wir unter den gegebenen Rahmenbedingungen eine Chance hatten, ihn erfolgreich zu verhindern, lasse ich mal dahingestellt. Und im übrigen ist es gewiß eine Übervereinfachung, die Grünen in ihrer Gesamtheit als links einzurangieren.

Es hat Sie geärgert, daß nicht die SPD, sondern die Grünen das große politische Thema ›Ökologie‹ entdeckt haben. Hat das die SPD wenigstens aufgeweckt?

Auf ökologischem Gebiet ganz bestimmt. Die SPD hat sich vorzuwerfen, daß sie nicht fortgeführt hat, was sie früh erkannt hatte.

Ich habe schon 1961 am Beispiel des Ruhrgebiets, aber nicht nur daran, klargemacht, wo meiner Meinung nach die Gefahren für die Gesundheit liegen: in der Vergiftung von Erde, Wasser und Luft. Und der Erfolg unseres Wahlkampfes 1972 war nicht unbeeinflußt davon, daß wir die Qualität des Lebens ansprachen, statt immer nur Quantitäten.

Wir haben das nicht systematisch und klar genug weitergetragen. Da sind wir wieder bei dem Tanker und bei dem, was er an Bord hat.

Vielen, gerade auch den gewerkschaftlich orientierten Freunden, fiel es schwer zu begreifen, daß gute ökologische Politik auch nach vorne gerichtete ökonomische Politik sein kann. Das ist jetzt vorbei. Vor Jahren gab es die Furcht, Ökologie koste Arbeitsplätze. Man erkannte nicht, daß ökologische Politik eine Fülle von Arbeitsplätzen schaffen würde. Das haben wir jetzt auf einen Nenner gebracht, indem wir die ökologische Erneuerung der Industriegesellschaft auf die Tagesordnung gesetzt haben.

Dennoch gibt es die Grünen noch. Und längst ist nicht mehr nur die Ökologie ihr Gebiet. In Hessen wurde einer von ihnen, Joschka Fischer, sogar Minister.

Unter dem Strich wird die Grüne Partei auf dem Gebiet der Ökologie als eine Bewegung dastehen, die alle ein bißchen auf Trab gebracht hat, die SPD und ihre gewerkschaftlichen Freunde eingeschlossen, und das ist nicht wenig. Daß wir mit Zustimmung der Gewerkschaftsführer dann relativ rasch ein konkretes Programm ›Arbeit und Umwelt‹ auf den Tisch legten, worin wir zeigen, wie, mit welchen Mitteln in erheblich forciertem Tempo die Gewässer sauberer gemacht werden können, die Luft sauberer gemacht werden kann, die Wälder gerettet werden können – das war dann allerdings unser Werk und auch keine Kleinigkeit.

Auch in der Friedensbewegung haben die Grünen eine erhebliche Rolle gespielt.

Aber eigentlich nicht so, daß sie etwas im Prinzip anderes vertreten hätten als wir Sozialdemokraten mit unserer Politik der aktiven Friedenssicherung. Sie haben zweifellos in der Frage der Gleichstellung der Frauen eine Rolle gespielt, und sie spielen sie noch immer. Sie sind da auch konsequenter, bei der Aufstellung von Kandidatinnen bei Wahlen etwa. Aber ich denke, da wird die SPD, die dies ja schon in ihrem Programm hatte, in etwas langsamerem Tempo nachziehen. Es bleibt übrig, daß in der grünen Partei und ihren Bewegungen stark antibürokratische Elemente drinstecken.

Das schärft aber außerordentlich den Blick für berechtigte Interessen und deren Durchsetzung. Die Radikalität der Grünen hat dem von der grauen und undurchsichtigen Parteienwirtschaft enttäuschten Bürger die Politik näher-

gebracht. Wer Grüne wählt, ist letztlich nicht staatsverdrossen, der kämpft, will mitwirken.

Angesichts der weitverbreiteten Staatsverdrossenheit, angesichts der fehlenden politischen Kultur in Deutschland ein bemerkenswertes Ergebnis, finde ich.

Warum nicht? Nur, was die Staatsverdrossenheit angeht, das Unbehagen vieler Menschen, gerade auch jüngerer, gegenüber einer formalistisch erstarrten Demokratie, so ist das wohl kein deutsches Phänomen. Wenn ich mich umschaue, finde ich das ähnlich in vielen anderen Ländern. Wenn ich mir angucke, wie die Haltung von Briten, einfachen Engländern, jungen Engländern zu ihrem Staat ist, dann finde ich vielleicht nichts, was man ›Verdrossenheit‹ nennen würde, aber doch eine Distanz, die erheblich ist. Jedenfalls kann ich nicht sehen, daß ein abgehobener Staatsapparat und seine Bürokratie ein deutsches Phänomen wären.

Fremdheit, Distanz, Resignation sind Stimmungen und Gefühle, die langsam wachsen und schwierig abzubauen sind. Auch der SPD ist das nicht gelungen. Die Grünen aber haben einen Weg gezeigt, wie man formale Demokratie durch aktive Mitwirkung der Menschen im jeweils betroffenen Bereich zu lebendiger Demokratie formen kann.

Ohne Übertreibung: Bei uns sind noch ein paar Leute mehr aktiv. Und dann sind das teilweise auch illusionäre Vorstellungen auf grüner Seite. Aber das schadet ja nichts. Ich glaube allerdings nicht, daß es für eine Partei über einen längeren Zeitraum hinaus ausreicht.

Für eine Partei vielleicht nicht, für eine Bewegung vielleicht doch.

Wenn ich mir die auseinanderstrebenden Tendenzen bei den Grünen – ›Fundamentalos‹ hier, ›Realos‹ dort – so angucke, dann sehe ich nicht, daß das *eine* Bewegung ist. Und außerdem: In mancher Beziehung bewegt sich gar nicht mehr so viel. Das mag man in gewissem Sinne bedauern, aber es ist auch ein Fingerzeig dafür, daß es keinen Sinn macht, ganz und gar auf die Selbsttätigkeit zu vertrauen. Ganz ohne Organisation und arbeitsteilige Strukturen geht auch am Ende unseres Jahrhunderts das emanzipatorische Geschäft nicht ab.

Im übrigen können auch die stärksten Bürgerbewegungen nicht die Aufgaben von Parlament und Regierung übernehmen, sondern nur begleiten, fördern, ergänzen, auch korrigieren helfen.

Wer hätte vor zehn Jahren gedacht, daß sich in der festgefügten, kompakten Parteienlandschaft der Bundesrepublik eine ernstzunehmende vierte politische Kraft Platz schaffen könnte?

Die Grünen haben es geschafft, weil sie das, was ich die zweite deutsche Gesellschaft nenne – Alternative, Spontis, Autonome, Radikale, Enttäuschte und Verbitterte –, anzusprechen verstanden; alle die, welche die erste deutsche Gesellschaft, das selbstgefällige Wohlstandsbürgertum, in eine Art kulturellen Untergrund abgedrängt hatte. Die Grünen kamen und stellten die Fragen, die die jungen Generationen betrafen, zum Beispiel: »Was heißt es, deutsch zu sein?«

Das ist mir eine zu grobe Spaltung der Gesellschaft, mit Verlaub. Was Ihren Schluß anbelangt, ist mein Eindruck eher, daß bei den Grünen stärker als bei anderen die Tendenz da ist, zu sagen: Nun ist das so gegangen, wie es gegangen ist mit dem Krieg und mit den Nazis, und nun haben wir zwei deutsche Staaten und rühren das nicht weiter an. Unsereins würde sagen: Wir können nicht zurück hinter das, was die Ergebnisse der ›Hitlerei‹ und des Zweiten Weltkrieges sind. Aber wo kennt die Geschichte ein letztes Wort? Kennt sie wohl überhaupt nicht? Ist es vernünftig, die Möglichkeit abzuschreiben, daß die Generationen, die uns nachfolgen werden, es mit einer anderen Art von Europa zu tun haben werden ..

... in dem eine Wiedervereinigung möglich wäre?

Ich will Ihnen vorweg eine Geschichte erzählen: Es war im Frühherbst 1971. Auf dem Flugplatz von Simferopol nahm mich der Generalsekretär Breschnew allein in Empfang. Es war, nach den nicht immer leicht zu verstehenden Regeln des Protokolls, ein nicht offizieller, sondern offiziöser, halbpersönlicher Besuch. Wir saßen nebeneinander im Auto, auf dem Weg hinunter zum Schwarzen Meer, da legte Breschnew seine Hand auf mein Knie und sagte, ohne daß ich ihn zu diesem Thema herausgefordert hätte: »Ich verstehe Sie ja, Willy Brandt, was die deutsche Frage angeht, aber wir können beide nichts –« oder sagte er sogar: jetzt nichts? – »daran ändern.«

Ich will jetzt nicht deutlicher darüber werden, wer von uns nicht konnte, was er wollte, und wer nicht wollte, was er konnte. Jedenfalls: Mehr, als es die meisten ahnten, kreiste das Denken bei solchen Gelegenheiten um das, was uns

Deutschen in beiden Staaten der ungeheuerliche, auch nationale Verrat der ›Hitlerei‹ hinterlassen hatte. Es war zunächst nicht mehr drin, als – womit wir Anfang der sechziger Jahre in Berlin begonnen hatten – besonders krasse Auswüchse der Teilung Deutschlands zurückzudrängen. Antworten auf besondere Härten für die Menschen zu finden.

Wann wird mehr drin sein?

Wenn die Teile Europas ein neues Verhältnis zueinander gewinnen, um nicht zu sagen, zusammenwachsen, dann wird sich auch die Frage stellen, wie die Deutschen oder ihre beiden Staaten ihren Platz finden im enger zusammengewachsenen Europa.

Das muß bestimmt nicht bedeuten, daß man zum Bismarckschen Reich zurückkehrt. Das hat ja auch nicht allzu lange bestanden. Manche glauben heute, das sei die ganze deutsche Geschichte. Das war aber nur ein Atemzug der Geschichte, von 1871 bis zum Ende des Ersten Weltkriegs.

Aber ob die Teile Deutschlands nicht in einem enger zusammengewachsenen Europa ihrerseits in ein engeres Verhältnis eintreten können, auf den Gebieten, auf denen sie mehr miteinander zu tun haben als andere, das ist etwas, was ich als eine historisch offene Frage betrachte.

Glauben Sie, daß die Deutschen sich mit der Teilung ihres Vaterlandes abgefunden haben?

Das wird man so generell nicht bestätigen können. Wieso auch? Wer weiß schon, wie das bei den kommenden Generationen sein wird. Die einen sagen: Wenn eine bestimmte

Zeit vergangen ist, dann wird im Verständnis der Menschen die DDR etwas Ähnliches sein wie Österreich.

Und ich höre einen Teil der jungen Menschen, und zwar gerade solche, die sich eher als links denn als konservativ einstufen, ziemlich unbefangen in die andere Richtung fragen: Warum sollen die Deutschen nicht die Möglichkeit haben, wenn sie es wollen, unter einer Art von staatlichem Dach zusammenzuleben?

Ich sage allen, die mich danach fragen, Jungen wie Alten: Die ganze jüngere deutsche Geschichte zeigt, daß Fragen wie zum Beispiel die, wie Deutschland sich nach außen hin darstellt, also wie groß es ist, welche Grenzen es hat, schon seit Generationen nicht von den Deutschen allein entschieden werden. Entscheidungen darüber waren immer ein Ergebnis dessen, was die Deutschen wollten und was Deutschlands Nachbarn wollten.

Eine quasi isolierte Lösung deutscher Fragen paßt in kein europäisches Konzept, im Westen nicht und im Osten nicht. Aber vielleicht gewinnen ja die Teile Europas ein neues Verhältnis zueinander. Jedenfalls sehe ich im Westen und im Osten Deutschlands den latenten Wunsch, unabhängiger zu sein, wieder das zu sein, was man geschichtlich darstellen kann, den Wunsch, nicht so abhängig von der Sowjetunion und von den Vereinigten Staaten zu bleiben, wie man es gewesen ist und wohl auch sein mußte in der Nachkriegszeit.

Wenn sich daraus etwas entwickelt, was auf eine größere europäische Einheit hingeht, dann könnte es ohne größere Schwierigkeiten für die Nachbarn möglich sein, die beiden Teile Deutschlands in ein anderes Verhältnis zueinander gelangen zu lassen. Dieses andere Verhältnis wird allerdings wohl nicht einfach die Form eines Nationalstaates haben. Aber wo steht auch geschrieben, daß das unbedingt wieder ein Nationalstaat werden muß?

Sie teilen also nicht die Ansicht, die der italienische Außenminister Giulio Andreotti im letzten Sommer ebenso zynisch wie wohl auch realistisch von sich gab, daß ›Pangermanismus‹ von niemandem gewünscht, keine Nation eine Wiedervereinigung unterstützen werde, wenn denn die beiden deutschen Teilstaaten selbst in diese Richtung dächten?

Mit dem Wort ›Pangermanismus‹ kann ich heute nichts anfangen. Das würde, geographisch betrachtet, hinausreichen über die beiden heutigen deutschen Staaten. Ich kenne niemanden, der eine großdeutsche Perspektive neu anstrebt. Das war zwischen den beiden Kriegen anders. Im übrigen ist es nicht erst seit 1871 und dann nach dem Ersten Weltkrieg so, daß es zum Beispiel bei unseren französischen Nachbarn immer wieder Stimmen gibt, die sagen, zwei Deutschlands seien besser als eines. Deutschland ist so gut, sagt man, daß sie lieber mehrere statt nur eines hätten. Das ist ja eine alte Geschichte, wenn Sie sich das letzte Jahrhundert ansehen, den Deutschen Bund, das Reich und die Einstellung dazu. Gewiß haben die Franzosen damals die ›Vielstaaterei‹ einem geeinigten Deutschland vorgezogen.

Andreotti sagt also nichts Neues.

Früher bezogen sich solche Äußerungen auf eine Vielfalt deutscher Staaten. Dann hat sich das Problem verengt auf die Frage: großdeutsche oder Bismarcksche Lösung. Und heute stellt man die Frage: zwei deutsche Staaten oder einer?

Für mich ist dies aber gar nicht die Alternative. Für mich ist die Frage, wie zwei deutsche Staaten, die dann in einem vielleicht engeren Verhältnis zueinander stehen könnten als heute, ihren Platz in einer europäischen Friedensordnung finden.

Sie waren in den für die deutsche Identität wichtigen Jahren, Ende der fünfziger, Anfang der sechziger Jahre, Regierender Bürgermeister von Berlin. Ich erinnere mich an die Zeit sehr genau, weil ich in Berlin studierte. Damals war das Gefühl wach für das, was verlorengegangen war. Da gab es Solidarität im Angesicht einer Wunde, die jeder spürte.

Ich weiß nicht, ob die Deutschen mit einer solchen Solidarität, etwa der des amerikanischen Präsidenten John F. Kennedy, der in West-Berlin sagte: »Ich bin ein Berliner«, heute noch etwas anfangen könnten. Glauben Sie, daß einer der beiden Teile Deutschlands oder beide Teile noch unter der Teilung leiden?

Zwei Dinge haben sich wesentlich verändert gegenüber der Zeit vor 20 oder 25 Jahren. Damals konnten die Berliner nicht mal ihre Verwandten in der nächsten Umgebung besuchen. Während die Westdeutschen über ein Visum Besuchsmöglichkeiten in der DDR hatten, gab es diese Möglichkeit für West-Berliner nicht. Selbst wenn sie über die Autobahn nach Westdeutschland reisen wollten, gab es immer wieder Probleme. Häufig standen die Ampeln auf Rot, und was war nicht alles. Da hat sich durch unsere, neuerdings gelegentlich wieder geschmähte Politik der menschlichen Erleichterungen vieles geändert. Millionen reisen jedes Jahr legal von Westen nach Osten, aber auch viele von Osten nach Westen.

Das zweite, das sich verändert hat, hat mit dem Zeitablauf zu tun. Ich glaube, daß der größte Teil der Menschen in der DDR nicht überbegeistert ist von der Form, in der dort regiert wird. Die Menschen in der DDR haben aber doch einen gewissen Stolz entwickelt auf das, was sie unter schwierigeren Bedingungen als die Westdeutschen auf die Beine gestellt haben.

Die sind auch wieder wer, wie es damals bei uns eher überheblich hieß. Die sind ökonomisch eindeutig Nummer eins in ihrem Block, in der ganzen Welt unter den ersten zehn. Die DDR ist kein zurückgebliebenes Land. Sie ist ein Land mit großen Leistungen. Und auch die, die sich nicht identifizieren mit der dort herrschenden Partei, sagen nicht, sie wollten einfach unsere Verhältnisse nach dort übertragen bekommen. Das mißverstehen hier manche.

In der Bundesrepublik wurde ja auch alles darangesetzt, damit man mißverstand. Uns, die wir nach dem Krieg aufwuchsen, wurde die Ostzone, später die DDR, auf der Schule, in der Presse und zu Hause dargestellt als eine Höllengeburt. Die Propaganda des Kalten Krieges nahm uns komplett in Beschlag. Wir verloren systematisch Anteilnahme und Interesse an dem anderen Teil Deutschlands.

Ja, vielleicht. Aber die Deutschen drüben nehmen an unserem Leben hier in der Bundesrepublik viel mehr Anteil, als man gemeinhin annimmt, schon weil die Programme des hiesigen Fernsehens fast überall in der DDR zu sehen sind.

Normalerweise nimmt man an dem Leben in anderen Ländern teil, indem man hinfährt. Die Menschen in der DDR, die Abend für Abend auf einer Wellenlänge mit den Westdeutschen sind, unterscheiden sich von Touristen, die häufig nichts mitkriegen von dem Land, in dem sie sich aufhalten. Die DDR-Bürger leben indirekt mit uns, über den Bildschirm.

Mir hat der Erste Sekretär eines Bezirks in der DDR vor ein paar Jahren, als ich mit dem französischen Staatspräsidenten François Mitterand dort war, dies plastisch geschildert. Er sagte: »Wir haben eine viel größere Auswahlmöglichkeit als Ihr. Wir haben unsere beiden Programme und Eure drei. Wir sehen Eure Nachrichten und machen uns unseren Reim auf Eure Filme und Unterhaltungssendungen.« Vor zwanzig Jahren war das anders: Damals standen ein Otto- oder ein Neckermann-Katalog hoch im Kurs, weil man neugierig war auf alles, was es bei diesen Westdeutschen gab. Heute nehmen sie an dem Werbefeldzug im Fernsehen nicht mehr gleichermaßen gespannt teil. Sicher sind sie immer noch nicht zufrieden, weil es vieles bei ihnen nicht gibt, aber die DDR ist ja kein notleidendes Gebiet. Die essen eher ein bißchen zu fett als zu mager.

Glauben Sie, daß zwischen den beiden Teilen kulturpolitisch genügend für die gemeinsame Geschichte, das Wachhalten des Geschichtsbewußtseins getan worden ist?

Was ist gemeinsame Geschichte?

Gemeinsame Anschauungen, gemeinsame Gefühle, wache Erinnerungen an Dresden, Weimar, Magdeburg und Leipzig, zum Beispiel.

In diesen Wochen kommt es zu einem Kulturabkommen zwischen der Bundesrepublik und der DDR. Die Künstler befürchten, das werde von Bürokraten gemacht, und die Kulturschaffenden kämen dabei zu kurz. Wir werden ja sehen, was dabei herauskommt. Nein, das Interesse an dem andern Teil ist gewachsen. Viele derer, die ihre Verwandten besuchen, lernen auch Dresden und Leipzig kennen. Oder Potsdam, Weimar, die Wartburg. Ich war in Weimar im September letzten Jahres; es ist gewaltig, wie viele dort zum Goethe-Haus pilgern. Die Leute entdecken das andere Deutschland.

Nach vierzig Jahren Teilung. Ist das nicht ein wenig spät?

Denken Sie an Günter Gaus, meinen Freund Gaus, der Ständiger Vertreter der Bundesrepublik in Ost-Berlin war. Er hat beschrieben, wie er dieses Deutschland erst entdeckte, als er drüben tätig war. Er war, wie so viele, in Westdeutschland aufgewachsen. Dann hat er diesen anderen Teil Deutschlands entdeckt und lieben gelernt. So etwas ist für Andreotti und viele unserer Nachbarn wohl nur schwer zu verstehen. Tausende junger Leute, Schulklassen und Jugendgruppen, gehen neugierig rüber, können jetzt rübergehen. Sie stoßen auf Namen und Daten, die nicht wegzudenken sind.

Aber ein großes Stück deutscher Kultur bleibt weggeschnitten?

Kants Königsberg zum Beispiel. Und auch Schlesien, das eine große Rolle gespielt hat in der deutschen Geschichte. Zur DDR aber gibt es diese ganz lebendigen Kontakte und bei vielen auch das Bedürfnis, dies in das eigene Wissen und Empfinden aufzunehmen, ohne damit notwendigerweise national-politische Ziele zu verbinden. Das halte ich für einen Vorteil.

Jetzt gibt es lebendige Kontakte. In meiner Jugend gab es sie nicht. Wohl aber reisten schon damals Ausländer, etwa die jungen Kader der italienischen kommunistischen Partei, zuhauf in die DDR und entdeckten das andere Deutschland. Warum kommt das Kulturabkommen so spät?

Ein Kulturabkommen paßte nicht früher. Es paßte nicht in den Kalten Krieg, und es paßte nicht in das bei uns vorherrschende Denken hinein.

Was die Gesamtlage angeht, nicht nur die der kulturellen Trennung, gab es ja keinen Faktor in der westlichen Politik, der sie ernsthaft hätte ändern wollen. Ein Deutschland außerhalb der Blöcke zusammenzuführen war keine akzeptable Politik, weder im Osten noch im Westen. Deutschland total in den westlichen Block hineinzunehmen stieß natürlich auf den Widerstand der Sowjetunion. Also kam es zur Teilung, aber Illusionen über die Verantwortung der vier Mächte lebten weiter, vor allem in bezug auf Berlin.

Als 1961 die Mauer gebaut wurde, waren Sie Regierender Bürgermeister von Berlin. War der Mauerbau der Anstoß zu Ihrer Ostpolitik?

Ja und nein. Was Sie meine Ostpolitik nennen, findet Bezugspunkte in Artikeln, die ich schon während des Krieges schrieb. In Wahrheit war die Mauer für mich gar keine so große Überraschung. Die Mauer gab mir Gelegenheit, den anderen zu sagen: »Seht her, der Vorhang geht auf. Aber die Bühne ist leer.«

Sie glaubten wohl auch, daß die Mauer, die Teilung der Stadt, von kurzer Dauer sein werde?

»Solange diese Mauer steht«, schrieben Sie damals, »kann Europa, kann die Welt nicht davon ausgehen, daß sie in Ordnung ist.« Die Mauer steht immer noch.

Sicher konnte ich mir nicht vorstellen, daß ein lebendiger Organismus, daß eine große Stadt mit Millionen von Einwohnern einfach in zwei Teile geschnitten werden konnte, mit den Familien zur Hälfte hier und zur Hälfte dort. Ich bin auch heute noch der Meinung, daß die Mauer gegen die Geschichte steht. Was sich geändert hat, ist nur meine Ansicht über die Dauer historischer Prozesse. Heute ist es mir viel klarer, daß es keine isolierte Lösung für das Problem gibt, für das die Mauer als Symbol steht, und für das, was die deutsche Frage genannt wird.

Am Anfang hatte ich eine sehr starke Hoffnung, daß dieser Unsinn, für den die Mauer Ausdruck war, schnell ein Ende nehmen würde. Dann kam das Bewußtsein, daß alle Dinge, die sich zwischen den beiden Deutschland, zwischen den beiden Teilen des deutschen Volkes abspielen, sich nur verbessern können, wenn sich die Situation der beiden europäischen Blöcke verändert.

Hat Joschka Fischer nicht recht, wenn er meint, der Bau der Mauer sei das endgültige Eingeständnis, daß die antifaschistische Legitimation ein deutsches Staatsgeschenk sei? Am 13. August 1986 wird die Mauer 25 Jahre alt.

Mit dem Scheitern einer antifaschistischen Tradition hat das nichts zu tun, eher mit dem Platzen von Illusionen über eine gemeinsame Verantwortung der Siegermächte des Zweiten Weltkriegs.

Das Viermächtestatut änderte nichts an den tatsächlichen Machtverhältnissen. Die Zusagen der Alliierten für Berlin blieben Worte.

Das kann man so nicht sagen. Die Westmächte standen zu ihren Rechten und Pflichten in *West*-Berlin. Im übrigen stand praktisch niemand dafür ein, daß Berlin oder gar ganz Deutschland zusammenbleiben oder wieder zusammenkommen könnte. Also mußte man sich neu einstellen. Wir mußten davon ausgehen, daß diese Teilung lange dauert. Wir versuchten, die menschlichen Kontakte wachzuhalten, die Zusammenarbeit zwischen den beiden Staaten zu organisieren, in einem Prozeß von Friedenspolitik zwischen Ost und West.

Da wir die Option offenhalten wollten, daß die Deutschen irgendwann in irgendeiner Form enger zusammenleben könnten, mußten wir dafür sorgen, daß sich die Teile nicht völlig auseinanderentwickelten. Dafür müssen Familienbeziehungen halbwegs intakt bleiben, und auch die, die keine Familienbeziehungen haben, mußten die Möglichkeit bekommen, den anderen Teil Deutschlands kennenzulernen. Die Familienbeziehungen blieben halbwegs intakt, und das Kennenlernen ist intensiver geworden.

Hinzufügen möchte ich, daß diejenigen nicht recht bekommen haben, die glaubten, diese doch nun schon fast zwei Generationen dauernde Zweistaatlichkeit würde zu einer Auseinanderentwicklung der Sprache führen.

Die politische Sprache hat in der DDR einen anderen Inhalt.

Die lassen wir mal weg. Was die Sprache als Kulturleistung angeht, wird man heute sogar sagen können, daß nicht selten das gepflegtere Deutsch in der DDR geschrieben wird. Und die Schreibenden haben kaum Probleme miteinander. Sie schreiben auf derselben Wellenlänge.

Aber das nationale Gefühl, deutsch zu sein und zu fühlen, gleichgültig, ob in West oder in Ost, ist gespalten?

Ich glaube, daß die Wunde eine andere ist. Die Wunde ist für viele, zumal für diejenigen, die aus dem Osten kamen, aber nicht für diese allein, daß Breslau und Stettin und Danzig und Königsberg nicht mehr deutsche Städte sind.

Die anderen Städte sind doch deutsch geblieben. Dort gibt es zwar ein anderes System, aber als Teil Deutschlands sind sie uns erhalten geblieben.

Ich weiß nicht, wie viele Deutsche so denken.

Eher mehr als weniger.

Glauben Sie, daß die Teilung Deutschlands den Realitätssinn der Deutschen schärft, oder glauben Sie, daß die Deutschen wegen der Teilung ein gestörtes Verhältnis zur Realität haben, wie Martin Walser vermutet?

Ich glaube, daß im Laufe der Jahre die Zahl derer zugenommen hat, die das eher realistisch wahrnehmen. Wo das Verhältnis zur Realität gestört ist, folgt dies aus der Lage Europas mehr als aus der Lage Deutschlands.

Muß also, wie Herbert Wehner einmal sagte, das Wort ›Wiedervereinigung‹ gestrichen werden?

Ich glaube nicht, daß das so vorgeschlagen wurde. Der Gedanke ist vielmehr, daß es ein ›Wieder‹ nicht geben wird, sondern eher die Frage, was aus den Teilen im Verhältnis zueinander neu werden mag.

Das Wort ›Vaterland‹ ist für die Deutschen ein vielstrapazierter Begriff. Diesseits und jenseits der Staatsgrenze erfordert es heute erheblichen ideologischen, erzieherischen und militärischen Aufwand, um dem Begriff Inhalt zu geben. Haben beide deutschen Staaten seit ihrer Gründungszeit nicht ein Problem gemeinsam, nämlich, daß eine politische, nationale, völkische Identität kaum herzustellen ist?

Es ist nicht so schwer festzustellen, wer Deutscher ist. Davon zu trennen ist die Frage, wie sich das Verhältnis zwischen den beiden deutschen Staaten weiterhin entwickeln mag. Und ob es institutionell wieder ein gemeinsames Dach geben wird. Das hängt mit Sicherheit nicht nur von dem ab, was die Deutschen wollen, sondern noch mehr von der weiteren Gestaltung des Verhältnisses zwischen den westlichen und östlichen Teilen des Kontinents.

Ihr Leben, Ihre politische Karriere gleicht einem Geschichtsbuch. Dennoch zählen Ihre Jahre als Regierender Bürgermeister von Berlin wohl zu den emotional wichtigsten Erlebnissen. Warum?

In den unmittelbaren Nachkriegsjahren hatte ich das Gefühl – es war leider so nicht gerechtfertigt –, es könnte gelingen, einen Sprung zu machen. Einen Sprung da, wo üblicherweise ein Prozeß nötig ist, der viel längere Zeit braucht. Die Ablehnung dessen, was es in der damaligen Ostzone an neuer Diktatur gab, war für viele, fast alle, mit denen man zu tun hatte, verbunden mit einer ganz eindeutigen Ablehnung dessen, was vorher gewesen war.

Die antinazistische Einstellung war gekoppelt mit der Ablehnung der neuen Diktatur, wie sie damals erschien. Das war der große Unterschied zwischen dem Reuterschen Berlin, in das ich 1947 nach meiner Rückkehr aus Skandinavien hineingeraten bin, und Westdeutschland. Verglichen mit dem übrigen westlichen Deutschland war Berlin eindeutig antinazistisch und zugleich überwiegend antikommunistisch. Das machte es leicht, wieder in die Heimat zu finden.

Wie lange hat das gedauert?

Das hat sich während des Kalten Krieges etwas verschoben. In den ersten Nachkriegsjahren hatte ich ein bißchen das Gefühl, als ob etwas lebendig sei, was man mit Wien in seiner besten Zeit nach dem Ersten Weltkrieg vergleichen konnte. Das war der in gewissem Sinne unförmige Überrest eines ehedem großen Reiches, aber in dieser unglaublich schwierigen Zeit behaupteten sie sich trotzdem.

Das wurde nicht typisch für die weitere deutsche Entwicklung. Aber eindrucksvoll war das schon.

Lebt Berlin heute immer noch von diesen Gefühlen?

Da gibt es mehrere Zwischenetappen. Es hat ja nicht sehr lange gedauert, bis Berlin – geographisch zwar getrennt von der eigentlichen Bundesrepublik – doch in den Sog der bundesrepublikanischen Entwicklung hineingeriet. Erst durch die gemeinsame Währung und die Wirtschaft, dann durch die ganze Gesetzgebung auch dort, wo man sie nicht für richtig hielt. Trotzdem würde ich auch heute noch sagen, daß das Antinazistische in Berlin eindeutiger geblieben ist als vielerorts sonst in der Bundesrepublik.

Warum ist das so? Weshalb ist das Antinazistische im Bewußtsein des westlichen Teils von Deutschland so bedenklich verwaschen?

Da spielt eine Rolle, was ich zeitweilig für eine der staatsmännischen Leistungen von Konrad Adenauer gehalten habe: mit Hilfe eines gewissen Opportunismus so etwas wie ein neues Staatsgefühl werden zu lassen. Adenauer, der mit den Nazis wirklich nichts im Sinn hatte, hat sich gesagt: Wir können nicht gut mit einer in sich geteilten Nation in dem einen westdeutschen Volk leben. Bedenken Sie, daß mindestens die Hälfte des Volkes mehr oder weniger in das Lager der Nazis gelaufen war.

Aber diese Politik der Adenauer-Ära hat die westdeutsche Bevölkerung doch eher in ihrem schwachen Demokratieverständnis und in ihrer Entpolitisierung bestärkt?

Adenauer sagte sich wohl: Schaffen wir mal eine Generation Abstand. Sein Denken war: über die kritische Zeit hinwegkommen, bis die Personen nicht mehr agieren, die den Nationalsozialismus als Staat getragen haben. So wurde es auch gemacht. Die, die bei den Nazis eine Rolle spielten, sind zum großen Teil in die Wirtschaft gegangen, die meisten der leitenden Beamten sind da geblieben, wo sie waren.

Beim Militär hat man im wesentlichen eine vernünftige Auswahl getroffen. In der Presse sind erstaunlich viele erstaunlich rasch wieder dagewesen und konnten jetzt ebensogut schreiben wie zuvor, auch bei den überregionalen Zeitungen.

Eine deutsche Selbstreinigung fand nicht statt.

Sind Selbstreinigung und Okkupation zur gleichen Zeit überhaupt möglich? Wie sah die Wirklichkeit denn aus? Überall da, wo es 1945 Ansätze zur Selbstreinigung gab, hatten die Besatzungsbehörden zunächst nichts Besseres zu tun, als die Leute abzusetzen, die sich zum Beispiel in antifaschistischen Ausschüssen zusammengeschlossen hatten.

Das fing schon ganz früh an. In Bremen etwa wurden unmittelbar nach dem Einmarsch der Truppen die Kollegen von der dortigen breit angelegten antifaschistischen Gruppierung, die gut durchgehalten und zum Schluß noch Sprengungen verhindert hatten, aus ihrem Büro rausgeschmissen. Die Besatzungsmacht gab Anweisung, es dürften keine deutschen politischen Organe entstehen.

Einige Monate später, Anfang 1946, kam ich nach Hannover und hörte von meinen Freunden dort, daß die ersten Sozialdemokraten, welche die Leitung der Polizei übernommen hatten, von den Engländern rausgesetzt worden waren. Auf ihre Posten waren Leute gesetzt worden, die auch während der Nazi-Zeit im Amt gewesen waren.

Da habe ich mit dem englischen Obersten gesprochen, der das Kommando hatte. Ich sehe den noch vor mir. Der hatte lange in Indien gedient. Ich fragte ihn, wie so etwas möglich sei. Er gab mir zur Antwort, er brauche Leute, die was vom Geschäft verstünden. Die, die das früher schon gemacht hätten, die wüßten, was Polizei sei, und außerdem parierten sie Order. »Diese anderen, Ihre Sozis da«, sagte er, »die machen, was sie wollen, und ich brauche Leute, die machen, was wir wollen.« Bis 1949, als es die Bundesrepublik gab, blieb alles noch ein bißchen in der Schwebe.

Mit dem Korea-Krieg kam die große Wende?

Ja, das war ein Einschnitt. Die Amerikaner, die Alliierten überhaupt, hatten wieder ein Interesse daran, möglichst bald eine deutsche Armee zu bekommen. Einmarschiert waren sie mit der Forderung, Deutschland müsse entmilitarisiert werden und bleiben. Jetzt sollte es also wieder deutsche Streitkräfte geben. Und natürlich gab's auch Deutsche, die das für richtig hielten oder Interesse daran hatten. Und was passierte? Die Leute, die wegen ihrer Schandtaten verurteilt worden waren, wurden durch die Alliierten fast alle freigelassen. Es ergab sich ein schrecklicher Widerspruch: Viele kleine Nazis waren belangt worden. Sie wurden zu Aufräumarbeiten herangezogen. Sie flogen aus ihren Stellungen. Die mußten büßen. Aber die Hauptverantwortlichen, die wurden, weil man einen militärischen Beitrag der Bundesrepublik Deutschland brauchte, freigelassen. An diesem Widerspruch leiden wir heute noch. Und manchmal frage ich mich, ob man so etwas jemals wird nachvollziehen können. Ich glaube nicht.

Man hätte die Gewissenserforschung später nachholen müssen.

Ich glaube nicht, daß man eine Befreiung, die nicht stattgefunden hat und die man auch nicht durch – übrigens sehr unzulängliche – alliierte Maßnahmen ersetzen konnte, eine Generation später, mehr als eine Generation später, nachholen kann. Ich glaube einfach nicht, daß das geht. Für die junge Generation wird das immer mehr zu einer Frage der Geschichte. Und ich glaube, es wäre ein großer Fehler, wenn man der jetzt nachwachsenden Generation mit dem Problem des Nazismus so käme, als sei es ihre Verantwortung. Das ist es nicht.

Richtig ist, daß man auch als junger Mensch zu seinem Volk gehört und deswegen ein Stück nationaler Haftung mitübernimmt. So ist das im Leben der Völker. Nicht eine, nicht einer kann aus dem Strom der Geschichte aussteigen. Aber den heutigen jungen Deutschen weismachen zu wollen, sie seien rückwirkend noch mitschuldig für das, was die Nazis im eigenen Land und in der Welt angerichtet haben, das ist zuviel, das geht nicht.

Der Sprung geht mir zu plötzlich. Es sind inzwischen, politisch betrachtet, drei oder vier Nachkriegsgenerationen groß geworden. War es nicht ein Fehler, daß keine politische Partei versuchte, die Selbstreinigung als politisch-moralischen Prozeß in Gang zu setzen? War es nicht ein Fehler, daß man versäumte, Werten mit politischem Inhalt wie Widerstand und zivilen Ungehorsam Achtung zu verschaffen? Durfte man auf die ganz offene Konfrontation mit der Vergangenheit verzichten?

Die SPD hat sich nicht gedrückt. Die SPD hat in der Nachkriegszeit bislang drei Vorsitzende gehabt. Der erste war Kurt Schumacher, der zehn Jahre im Konzentrationslager saß. Er verlor im Krieg einen Arm, und später mußte ihm ein Bein abgenommen werden – eine Auswirkung der Zeit im KZ. Der zweite war Erich Ollenhauer. Er war in Prag, in Paris und in London im Exil. Danach kam der Brandt. Der hatte engen Kontakt mit Kräften des innerdeutschen Widerstands und lebte den größten Teil der Zeit im skandinavischen Exil.

Dann denken Sie an die stellvertretenden Vorsitzenden, die wir gehabt haben. Fritz Erler zum Beispiel wirkte im Untergrund und war dann bis zur Befreiung im Zuchthaus. Herbert Wehner kam von der kommunistischen Seite, war im Untergrund und im Exil. Die Repräsentanten der SPD waren also zur Person ausgewiesen und haben in dieser Sache auch nie Konzessionen gemacht.

Um so unverständlicher, daß sie aus der moralischen Frage des Widerstandes kein politisches Thema gemacht haben.

Wenn man um die Mehrheit ringt und es mit einem Volk zu tun hat, in dem ein großer Teil der Menschen mehr oder weniger durch den Nazismus und seine Propaganda in Anspruch genommen war, dann kann man nicht darauf verzichten, auch um diese Menschen und deren Familien zu ringen. Das stellte sich übrigens in anderen Ländern, die nicht so in die Dinge verwickelt waren wie die Deutschen, prinzipiell nicht anders dar. Nehmen wir Italien. Da hat man auch nicht gesagt, wer was mit Mussolini am Hut gehabt hat, darf nicht kommunistisch wählen.

Das sicher nicht. Aber ich glaube, es war für die Italiener entscheidend, daß sie ihren Diktator selbst verjagt und vernichtet haben. Und es war ebenso wichtig, daß sie in der resistenza, *dem bewaffneten Widerstand gegen das Regime, einen moralischen Wert sahen.*

Das gilt vielleicht für Italien. Aber nehmen Sie die Franzosen. Die hatten auch ihre *résistance*, aber sie tun sich immer noch schwer mit Pétain und dessen Anhängerschaft.

Kein Land hätte die Selbstreinigung so nötig gehabt wie Deutschland.

In der Tat haben wir lange Zeit wichtige Begriffe nicht sauber verwandt. Ich weiß nicht, warum wir das so lange haben durchgehen lassen. Jedenfalls schien sich in Deutschland alles nur darauf zu konzentrieren, daß am 20. Juli 1944 Leute versucht hatten, mit Hitler Schluß zu machen, ehrenhafte Leute, Adelige, Militärs, sogar eine Reihe wichtiger Sozialdemokraten und Gewerkschaftsführer. Das war für viele *der* deutsche Widerstand, und die tapferen Leute vom 20. Juli 1944 waren die Opfer.

In Wirklichkeit gab es die großen Opfer in den *ersten* Jahren der Naziherrschaft. Wieso haben wir vergessen, daß Zehntausende durch die Lager gegangen sind? Wenn heute bei uns von Widerstand geredet wird, zählt man häufig die nicht mit, die 1944 gar keinen Widerstand mehr leisten konnten, weil sie von Anfang an dagegen gewesen waren und deshalb von Anfang an in Lagern und Zuchthäusern eingesperrt waren. Andererseits gibt es in der Tat nichts mit Italien Vergleichbares.

Vielleicht war der Naziapparat zu gut durchorganisiert.

Offener Widerstand hätte sich nur bei Kriegsende entfalten können. Aber das hätte bedeutet, man wäre gleich anschließend mit den Besatzungsmächten aneinandergeraten. Das wäre materiell nicht gegangen und wäre auch ein Unfug gewesen.

Daß es keinen bewaffneten Widerstand gab, scheint mir gleichwohl ein Verhängnis mit erheblichen politischen Konsequenzen. Aber die Gewissenserforschung fand auch in den eigenen vier Wänden nur selten statt. Woran lag das? Waren die Deutschen zu wund, zu erschöpft, zu beschämt?

Man kann sich heute nicht mehr vorstellen, wie schwierig die materiellen Lebensbedingungen damals waren. Es gab nicht nur den Hunger in den ersten Nachkriegsjahren. Da war auch die schreckliche Kälte der Nachkriegswinter. Es gab nichts, um ein Feuer zu machen, nichts Neues zum Anziehen. Hinzu kam die übermächtige alliierte Propaganda. Da wurden schreckliche Fehler gemacht; anstatt von Verantwortung zu sprechen, wurde den vielen kleinen Leuten Schuld zugewiesen.

In Buchenwald, zum Beispiel, dem Konzentrationslager in Thüringen, saßen, noch bevor die Russen diesen Teil Deutschlands besetzten, die Amerikaner. Zu deren Zeit hat man die Bewohner von Weimar durch das Lager geführt, an den Massengräbern vorbei. Der Sinn dieser organisierten Besuche war, den Leuten vor Augen zu führen: Das habt Ihr gemacht. Das war aber zuviel, das hält keiner aus.

Ich habe das gemerkt, als ich im Oktober 1945 das erste Mal nach vielen Jahren wieder nach Lübeck kam, zu meiner Mutter, die als Sozialistin mit den Nazis wirklich nie etwas im Sinn gehabt hätte. Es war kaum herauszufinden, was man drinnen eigentlich gewußt hat. Da war diese Abwehrhaltung. Die dachten: Wenn wir sagen, wir haben das und das erfahren, werden wir in dieses Sich-persönlich-mitschuldig-fühlen-Müssen mit hineingezogen.

Es ist nicht früh genug klargemacht worden, daß es eine politische Verantwortung gibt, vor allem dafür, daß Hitler an die Macht gekommen ist. Das ist etwas anderes als die Schuld derer, die die Menschen umgebracht haben. Da, glaube ich, ist viel schiefgelaufen in der ersten Nachkriegszeit. Und dann kam halt der Opportunismus, der sich aus der Teilung zwischen Ost und West ergab.

Was hat die Teilung damit zu tun?

Sie hat die Welt schön eingeteilt, und wer auf der vermeintlich richtigen Seite stand, stand auf der richtigen Seite, gleichgültig was vorher war oder wo er vorher stand.

Liegt da auch der Grund dafür, daß trotz der Studentenbewegung von 1968, so kurz sie gedauert hat, und trotz der grünen Kritiker Bürgersinn, jeder Ansatz einer Gegenkultur, immer gleich als Kommunismus und Anarchie abqualifiziert wird?

Nonkonformisten haben es in Deutschland nie leicht gehabt. Andererseits: Hatten die es je irgendwo leicht? Der besondere Fall bei uns bestand darin, daß oft genug nicht die Gegenkultur, sondern die Kultur schlechthin madig gemacht wurde.

Der Nationalsozialismus war, wenn man von ein paar wirtschaftlichen Schachzügen absieht, Schein und Schaum. Wie war es möglich, daß ein verhältnismäßig gebildetes Volk einem so dürren System von Täuschungen mit so rasender Geschwindigkeit verfiel?

Erklären läßt sich das nur geschichtlich. Zunächst war die bürgerlich-demokratische Revolution im vorigen Jahrhundert nicht zum Durchbruch gekommen. Nach dem Ersten Weltkrieg gab es dann in Deutschland einen erheblichen Nährboden von depossedierten Leuten auf dem Lande und im Kleinbürgertum, ganz abgesehen von all denen, die vom Militärapparat abhängig gewesen waren. Und der Staatsapparat wurde nicht wirklich demokratisiert, die Universitäten auch kaum.

Die Lage nach 1918 ist übrigens eine Erklärung dafür, weshalb Kurt Schumacher für die 131er Gesetzgebung war, mit der ehemalige Beamte und Offiziere der Wehrmacht mit Pensionen versehen wurden. Schumacher saß noch der Schreck in den Knochen, wenn er daran dachte, woher nach dem ersten Krieg die nationalistischen Landsknechte gekommen waren. Das waren die Freikorps, an die ich mich aus meiner Kindheit erinnere, die marodierten und Leute umbrachten. Dann kam die Inflation, die auch viele Menschen verarmen ließ, die im Gegensatz zur Arbeiterschaft wenigstens ein bißchen was gehabt hatten. Diese gewaltige Inflation ließ nur Sachwertbesitzer ungeschoren. Das heißt, die große Industrie und der große Grundbesitz behielten, was sie hatten, der Mittelstand verarmte.

Den Bauern ging's zum Teil auch nicht eben gut, von Schleswig-Holstein bis zum Hunsrück und weiter hinunter in den Süden. Auf dem Lande gab es so sehr viel Zulauf für die Vor-Hitler-Gruppen; das mußte nachher nur noch zusammengefaßt werden. Das waren die sozialen Wurzeln des Nationalsozialismus.

Die sozialen Ursachen allein hätten doch wohl nicht ausgereicht.

Von einem bestimmten Zeitpunkt an hatte ein hinreichend großer Teil derer, die die eigentliche Macht hatten, von der Schwerindustrie bis hin zu Zeitungszaren wie Hugenberg, von Teilen der hohen Bürokratie über Richter und Professoren bis hin zu Studienräten die Vorstellung, Hitler könne der sich mausig machenden, einflußreich gewordenen Arbeiterbewegung eins auf den Kopf hauen, sogenannte Ordnung schaffen, Leute parieren lassen.

Das ist eine Koppelung von Voraussetzungen für ein Stück antisozialistischer Massenbewegung mit einem Element von Zynismus herrschender Gruppen. So kam es zu der Vorstellung, nun machen wir den Hitler mal zu unserem Gehilfen.

Den Gefallen hat er ihnen nicht ganz getan. Er erkannte schon, daß die alten, herrschenden Gruppen ihn als Lakaien holten. Aber dann hat der Lakai sich auf die Schultern der Herrschenden gesetzt und ihnen auf die Glatze gespuckt.

Bei vielen Deutschen, und nicht nur bei den Rechten, kam das Gefühl hinzu, Deutschland sei nach dem Ersten Weltkrieg schlecht behandelt worden. Denken Sie an den Vertrag von Versailles, die Ruhrbesetzung. Auch das war eine Quelle für aktiven, unangenehmen Nationalismus.

Die Erfahrungen mit der Republik, mit Demokratie waren aus den unterschiedlichsten Gründen negativ belastet. Und darüber hinaus auch nur von kurzer Dauer. Eine Identifikation der Deutschen mit der Demokratie war fast nicht möglich.

Die relativ gute Zeit in den zwanziger Jahren war halt sehr kurz.

Im Frühjahr 1932 ersetzte der eher einfältige Reichspräsident von Hindenburg den Kanzler Heinrich Brüning durch Franz von Papen. Nicht nur Julius Leber, Ihr Parteivater, sah in Herrn von Papen einen Repräsentanten jener Adelsclique, die »vorhatte, auf dem Rücken der braunen Kamele in die Arena der Diktatur zu reiten«. Ein treffliches Bild. Aber was hat eigentlich die Linke getan, um den Nationalsozialismus zu verhindern?

Sie hat getan, was die Linke immer getan hat: Sie hat aufzuklären versucht, den Verstand der Menschen statt den Schweinehund angesprochen. Das ist nicht geringzuschätzen, aber es war zuwenig. Daß es den Nazis und ihren Handlangern gelingen konnte, sich die Macht zu erschleichen, ohne auf ernstliche Gegenwehr zu stoßen, war auch das Resultat der Unfähigkeit, die Gegenkräfte zu bündeln.

Warum machte die SPD nicht zusammen mit den Gewerkschaften den Versuch eines Aufstandes?

Es ging ja gar nicht um einen Aufstand, wenigstens nicht im ersten Schritt, den man hätte tun können. In Preußen ist eine rechtmäßige Regierung von Papen und Co. aus dem Amt geputscht worden. Das hätte man sich nicht bieten zu lassen brauchen, die Regierung nicht, die SPD nicht, die Gewerkschaften nicht. Warum sie es sich doch haben bieten lassen, hatte sicher mehrere Gründe, darunter, neben ehrenwerten, auch einen Mangel an Einfallsreichtum. Aber bedenken Sie, bei sechs Millionen Arbeitslosen sind auch die Gewerkschaften weithin gelähmt.

Sie wollten Hitler jedenfalls keinen Anlaß zum Bruch mit der Verfassung geben. Halfen sie ihm damit nicht erst recht in den Sattel?

Manchmal ist das legalistische Denken das Gegenteil des politisch oder moralisch Gebotenen. Nur weiß das im vorhinein keiner so ganz genau. Außerdem müssen Sie, bitte, mit einbeziehen, was die tiefe Zerklüftung der damaligen Arbeiterbewegung bedeutete. Und daß die bürgerlich-demokratische Linke fast zu einem Nichts zusammengeschmolzen war. Hitler war zu jenem Zeitpunkt, über den wir sprechen, noch nicht dran.

Ist die Niederlage der SPD nicht eine Quittung dafür, daß sie zu bang und zu gemäßigt war?

Wie ich sagte: Es gab mehrere Gründe, und so oder so ähnlich könnte man einen davon beschreiben. Das hohle revolutionäre ›Rumgemache‹ der KPD war ein anderer Grund. Ins Gewicht fiel, daß sich die Linke eigentlich nicht vorstellen konnte, daß dieser Hitler sozusagen historisch eine Chance haben sollte.

In gewisser Weise war auch die Arbeiterbewegung mitverantwortlich für Hitler. Es handelt sich natürlich um eine andere Art von Verantwortung als die historische Schuld der Leute, die den Nazis den Weg bereiteten. Man muß da genau differenzieren. Es gibt nichts, was das schreckliche Versagen des deutschen Bürgertums entschuldigt, von den extrem nationalistischen Gruppen, die es schon vor den Nazis gab, mal ganz abgesehen.

Aber es ist eben leider auch wahr, daß die Arbeiterbewegung in ihren beiden Teilen, dem sozialdemokratischen und dem kommunistischen, der Situation nicht gewachsen war.

Ein ›rechter‹ Kritiker des Parteivorstandes, der später vom Volksgerichtshof zum Tode verurteilte Theodor Haubach, urteilte über die Sozialdemokratie in jener Phase: »Sie wird ausgezeichnet verwaltet, aber keineswegs geführt.« Stimmte das?

Man darf nicht auf die Massen abwälzen wollen, was die Führung zu verantworten hat. Das gilt damals wie heute.

Die Führung war keineswegs immer auf der Höhe der Aufgaben, und es fehlte ihr nicht selten an Klarheit. Das hat aber ebenfalls mit der historischen Entwicklung Deutschlands zu tun; zum Beispiel damit, daß Deutschland so spät ein Nationalstaat geworden ist, und damit, daß es kein selbstbewußtes, politisch selbstbewußtes Bürgertum gab; daß Deutschland keine bürgerliche Revolution gehabt hat; daß es im Kaiserreich, in der Bismarckschen Zeit kein fortschrittliches Bündnis zur Überwindung des Feudalstaates gab, sondern ein rückschrittliches Bündnis zwischen Großagrariern und Schwerindustrie.

Darauf traf eine Arbeiterbewegung, eine Sozialdemokratie, die – bis auf wenige Regionen in Süddeutschland –

nicht wirklich schon demokratische Erfahrungen gemacht hatte, sondern Protestbewegung geblieben war. All das waren Zeichen der Zurückgebliebenheit, die sich im Weimarer Prozeß mit niedergeschlagen haben.

Sie haben in Ihrer Autobiographie ›Links und frei‹ die beeindruckende Größe der Arbeiterbewegung beschrieben. Dennoch blieb sie eingeschlossen in sich selbst?

Sie war in der Tat ein Staat im Staate, kulturell gesehen Subkultur und nicht anerkannter Teil des Ganzen.

Warum versuchte die Arbeiterbewegung nicht, aus dieser Subkultur auszubrechen?

Sie versuchte es, wurde dabei aber immer wieder auf brutale Weise unterbrochen und zurückgestoßen. Sehen Sie sich den SPD-Vorsitzenden August Bebel an. Der galt als eine Art von ›Gegenkaiser‹ und hatte ein Drittel der Wähler hinter sich. Das war eine ganze Menge. Aber es hat nie gereicht, etwas umzuwerfen.

Wann hatte denn in Europa die Arbeiterbewegung erstmals die Kraft und die Macht für durchgreifende Änderungen? Doch wohl erst in den dreißiger Jahren in Skandinavien. Vorher ist sie nirgendwo zu durchgreifendem Handeln in der Lage gewesen. Gut, man war überall mal an der Regierung, mal in Deutschland, mal in Großbritannien und in Frankreich. Aber die Wirkung blieb gering. In Frankreich gab es allerdings, anders als bei uns, bedeutende gesellschaftliche Übergänge. Nicht zuletzt, weil die sozialistische Bewegung eng verschmolzen war mit einem Teil der demokratischen Bewegung, die sich auch sozialistisch nannte, in Wirklichkeit aber liberaldemokratisch war. Und da sind wir wieder bei der Tatsache, daß die Arbeiterbewegung in Deutschland nicht den Hintergrund einer bürgerlichen Revolution hatte, geschweige denn einen parlamentarischen, den es in Frankreich schon gab.

Julius Leber, der Lübecker Reichstagsabgeordnete, nannte die Lust an der Ohnmacht eine sozialdemokratische Erbsünde.

Eine verlockende Formulierung, wenn auch nicht ganz richtig. Wirkliche Macht war ja nur ganz selten in der Reichweite der alten Sozialdemokratie, vielleicht sogar nur das eine Mal am Anfang der Republik, 1919/20. Da war weniger die Lust an der Ohnmacht als der Überschuß an Nationalismus für die falsche Gangart verantwortlich.

In Deutschland fehlten politische Alternativen zum Nationalsozialismus wie etwa Roosevelts New Deal in den USA oder das sozialdemokratische Krisenprogramm in Skandinavien. Warum?

Sie fehlten ja nicht. Es gab gegen Ende der Weimarer Republik den WTB-Plan zur Krisenüberwindung (ein wirtschaftlicher Ankurbelungsplan, der seinerzeit von Woytinski, Tarnow und Baade aufgestellt worden ist). Es hat nur nicht gereicht, etwas Ähnliches durchzusetzen. Als man in den USA und in Skandinavien Mitte der dreißiger Jahre so weit war, saßen in Deutschland schon die Nazis im Sattel – und holten auf eine unfreiheitliche Weise mit militaristischer Zielsetzung nach, was versäumt worden war.

Warum konnte die Linke ihre Pläne zur Arbeitsbeschaffung nicht durchsetzen?

Gescheitert ist die demokratische Linke zuerst einmal an der Rechten. Das ist hier ebenso, wie ich es oben bei der allgemeinen Verantwortlichkeit differenziert habe.

Scheiterten SPD und Gewerkschaften nicht auch an Kleinmut und ökonomischer Orthodoxie?

Auch daran, aber das war nicht das Wesentliche. Hätte es eine relevante kooperationsbereite Fraktion des Bürgertums gegeben, hätten weder Kleinmut noch Dogmatismus die Sache zerstören können, glaube ich.

War nicht auch Feigheit mit im Spiel? Julius Leber schrieb aus dem Gefängnis: »Man schwamm nicht gegen den Strom. Man stand erstaunt und hilflos am Ufer. Als der Damm brach, gab es nur noch kopflose Flucht.«

Wo steht eigentlich geschrieben, daß Menschen gegen den Strom schwimmen müssen, nicht feige sein dürfen? Ich habe diese übertriebene Verachtung von Feigheit nie verstehen können. In Deutschland war's ja so eine Tradition, den Italienern nachzusagen, daß sie feige seien. Ich habe immer eine gewisse Sympathie für Leute gehabt, die sich in Albanien oder woanders sagten, so toll fänden sie das dort nicht.

Mich wundert Ihre Sympathie für die Schwachen, zu denen Sie, wie Ihr Leben gezeigt hat, nicht gezählt haben.

Habe ich nicht? Wenn es auch lange her ist, daß ich Diskriminierung und Hunger hinter mir lassen konnte. Aber zu Helden geschaffen sind die meisten von uns nicht. Es ist grundsätzlich doch ganz verständlich, wenn die Leute versuchen durchzukommen. Ich habe schon große Sympathie und großes Verständnis für Schweijksche Verhaltensweisen.

Bei uns Deutschen gibt es ein ungutes Erbe des Kadavergehorsams, der nicht nur in Großpreußen weit verbreitet war. Einiges davon gab's auch in der Arbeiterbewegung. Auch da hing letztlich zuviel davon ab, was von oben angeordnet wurde; alles, was man tat, sollte ›geschlossen‹ gemacht werden.

Unvergeßlich ist für mich ein Gewerkschaftssekretär in Lübeck geblieben. Wir waren Anfang Februar 1933 mit der Forderung zu ihm gegangen, man solle einen Proteststreik ausrufen, damit nach Möglichkeit Julius Leber aus dem Untersuchungsgefängnis freigelassen würde; er war eingesperrt worden, nachdem ihn SA-Leute in der Nacht nach Hitlers Ernennung zum Reichskanzler überfallen hatten. Wir jungen Leute hatten unsere Forderungen aufgeschrieben und dem Sekretär auf den Tisch gelegt. Er sagte: Nehmt den Antrag bitte von meinem Schreibtisch! Die Regierung in Berlin – das war schon Hitler – hat angeordnet, daß auf Streik hohe Strafe steht. Damit will ich nichts zu tun haben. Und außerdem läßt uns der Vorstand in Berlin schon wissen, die geben Order, wenn was geschehen soll. Und das hieß: Wenn ein solcher Befehl nicht kommt, geschieht eben nichts.

Das Element der Spontaneität ist in der besonderen Entwicklung der deutschen Arbeiterbewegung erheblich zurückgeblieben gegenüber der Disziplin. Ein Höchstmaß an Geschlossenheit war Tradition, auch beim großen Bebel. Schon er hatte immer wieder gesagt: Genossen, laßt euch nicht provozieren, haltet durch. Irgendwann kommt die große Situation, die alles ändert. Die konnten sich nicht vorstellen, daß eine Massenbewegung wie die Arbeiterbewegung kaputtgemacht werden könnte; das hat sich keiner vorstellen können.

Die Kommunisten sagten noch Anfang 1933, als die ersten von ihnen schon, soweit sie sich nicht versteckt hatten, in den Gefängnissen landeten: Dem Hitler-Sieg vom Januar folgt der Rote Oktober. Nicht irgendein Oktober, sondern der Oktober des Jahres 1933. Und Otto Wels, der Vorsitzende der Sozialdemokraten, hielt seine letzte Rede im Lustgarten und meinte: »Gestrenge Herren regieren nicht lange.«

Daß Hitler alles niederwalzen würde, ging nicht in ihre Köpfe. Man hatte noch immer Vorstellungen wie zur Zeit des Sozialistengesetzes von 1878 bis 1890. Da waren die Sozialdemokraten zwölf Jahre lang verboten, wenn auch im Reichstag vertreten. Aber das war eine gemütliche Illegalität im Verhältnis zu dem, was sie nun erwartete. Sie konnten damals, wie gesagt, im Reichstag sitzen, konnten dort Reden halten. Allerdings wurden, was damals sehr hart war, auch viele ausgewiesen. Sie mußten ihre Familien verlassen und ins Ausland gehen. Im Grunde war es dennoch eine eher idyllische Zeit, verglichen mit der totalitären Herrschaft der Nazis.

Man hat damals vieles falsch eingeschätzt. Man überschätzte die eigene Organisation und unterschätzte, was der Faschismus in einem durchorganisierten Staat wie Deutschland würde durchsetzen können. Das mag in Italien ein wenig anders gewesen sein. Und so war der sogenannte Nationalsozialismus grauenhaft ›effektiver‹ als der italienische Faschismus. Aber auch in Italien hat ein Großteil der Arbeiterklasse den Faschismus unterschätzt. Wer hat denn geglaubt, daß dieser Lackaffe, dieser affektierte Mussolini es mal so weit bringen würde? Das haben die Menschen in Italien doch auch nicht geglaubt.

Hat es nicht Augenblicke gegeben, in denen man sich der Fehleinschätzung bewußt wurde und die Akzente deshalb anders zu setzen versuchte?

Während der ganzen Weimarer Zeit hat es immer wieder Leute gegeben, die ein mehr kämpferisches Element in die Arbeiterbewegung reinbringen wollten. Das waren nicht nur Linke, das waren auch eher Rechte in der Sozialdemokratie, die sich in gewisser Hinsicht einig waren. Sie sahen einen Sumpf, in dem die Bewegung steckenblieb. Bis in die Parteispitze glaubten manche, ohne Risiko komme man zum Erfolg.

Nein, es gab schon Kämpfer. Sehr viele von ihnen waren einfache Leute. Die meisten Menschen wissen heute ja nicht mehr, wie viele Tote es in der Weimarer Republik gegeben hat. Es gab viel militante Auseinandersetzung auf lokaler Ebene; es gab leider keine hinreichende Entsprechung auf der Führungsebene.

Ich hätte mal sehen mögen, was passiert wäre, wenn 1931 oder 1932 die SPD, die Gewerkschaften und auch die KPD sich auf etwas geeinigt hätten. Oder stellen Sie sich auch nur SPD und Gewerkschaften und was da so noch dazugehörte, wie vor allem Reichsbanner, vereint vor und weiter, die hätten gesagt, jetzt wollen wir denen in Berlin mal zeigen, wie stark wir sind!

Alle sozialistischen Parteien zusammen, SPD, KPD und USPD, bekamen während der Weimarer Republik zwischen 1920 und 1932 nie mehr als 40 Prozent. Die NSDAP, die im November 1932 schon 33,1 Prozent der Stimmen bekommen hatte, sprang im März 1933, als die Verfolgung der Juden schon begonnen hatte, auf 43,9 Prozent. Warum überzeugten die Nazis mehr?

Zunächst einmal: Schon damals gab es einen Unterschied zwischen Berlin und großen Teilen Deutschlands. Berlin war selbst im März 1933 noch nicht mehrheitlich nazistisch; selbst im März 1933 nicht, obwohl diese Wahlen schon keine freien Wahlen mehr waren. Das habe ich ja selbst noch miterlebt. Die SPD war da landesweit in die Nähe der 20 Prozent gekommen, und die KPD hatte noch über 12 Prozent.

Zum Grundsätzlichen: Das Verhängnis der deutschen Linken begann mit dem Streit um die Kriegskredite und dann vor allem mit der schrecklichen Auseinandersetzung von 1918/19. Zunächst gab es eine Vertiefung der Spaltung innerhalb der Sozialdemokratie, bei der die junge KP noch keine Rolle spielte. Das änderte sich 1920, als der größere Teil der Unabhängigen Sozialdemokraten sich mit der KP vereinigte. Die Tatsache, daß die alte Arbeiterbewegung, die Vorkriegs-Sozialdemokratie, die Bebelsche Sozialdemokratie, sich auseinanderentwickelte in die sozialdemokratische und in die kommunistische Partei, hat die Bewegung natürlich schrecklich geschwächt.

Diese Spaltung, die letztlich aus dem Ersten Weltkrieg resultiert, hat wesentlich dazu beigetragen, daß die Weimarer Republik nicht überleben konnte. Insofern gibt es eine indirekte Mitverantwortung für den Sieg Hitlers.

Die Spaltung der Arbeiterbewegung bedeutete einen schrecklichen Kräfteverlust, weil sie einander bekämpften, statt vereint zu kämpfen.

Was dann geschah, als die Republik von Weimar sich selber aufgegeben hatte, wirkt bis heute fort. Keiner weiß, wie die Entwicklung gegangen wäre, wenn Rosa Luxemburg überlebt hätte. Die wäre nicht auf Moskauer Kurs gegangen, und das hätte der Linken andere Chancen geben können. Aber das sind Gedanken, Spekulationen.

Wieso war Moskau schon so früh ein Schreckensbild? Hatte das mit Stalin zu tun?

Für junge Typen wie mich, und von denen gab es eine ganze Menge, war der Gedanke unerträglich, daß eine Arbeiterpartei, eine deutsche Partei ferngesteuert würde. Das war doch unerträglich, wie sehr Moskau oder die Zentrale der Komintern hineinfunkten in die deutsche Sektion, auch dort, wo sie gar nicht überblicken konnten, was eigentlich los war.

Das Abzielen auf diese Art Diktatur – das habe ich damals nicht so klar gesehen, wie ich es heute sehe – war es, das die Bebelsche Partei ein gehöriges Stück Skepsis gegenüber den Bolschewiki entwickeln ließ, eine Skepsis, die geboren worden war in der Auseinandersetzung mit dem zaristischen Rußland und seinen oppositionellen Gruppierungen. Dazu kam, daß in den zwanziger Jahren Sozialdemokraten und Sozialrevolutionäre, zu denen es keine Parallele gab in Deutschland, oder Leute, die sonst anders dachten als die Bolschewiki, derart grob angegangen und eingesperrt wurden oder ins Exil gehen mußten.

Die eigentlichen Charakteristika der Stalin-Periode kamen ja erst später. Aber eben auch noch in der Zeit vor dem Zweiten Weltkrieg. Die Prozesse etwa, bei denen man damals schon gewußt hat, daß die erhobenen Vorwürfe so nicht stimmen konnten.

In Deutschland machte die KPD Ende der zwanziger Jahre eine ultralinke Politik. Man muß sich mal überlegen, daß die aus den Gewerkschaften rausgegangen sind. Und dann, daß sie, in ihrer Art von Opposition auf Deubel komm raus, auch hie und da mal was mit den Nazis zusammen machten, wie beim Berliner Verkehrsarbeiter-Streik. Alles zusammen genommen war das nicht etwas, was einen überzeugt, was einen angezogen hat. Das ändert nichts daran, daß ich auf der Seite derer war, die gesagt haben, man müsse eine Einheitsfront machen. Ich hatte die Hoffnung, ein partielles Zusammengehen werde dazu führen, daß auf beiden Seiten Vorbehalte abgebaut würden, die einer vernünftigen Entwicklung nicht zuträglich waren, bei den Kommunisten und bei den Sozialdemokraten.

Wie liefen die Verbindungen, was waren die Kontakte und die Stimmung zwischen Sozialdemokraten, Sozialisten und Kommunisten damals?

Die Älteren – es ist gut, wenn man sich das noch mal klarmacht – waren feindliche Brüder, aber Brüder. Letzten Endes erkannten sie sich ja noch dadurch, daß sie zusammen in derselben Partei oder in der Gewerkschaft gewesen waren. Mit den Jüngeren war das eher anders. Da hat es auch eine Menge Streit gegeben und große Distanz, verstärkt dann etwa durch den Hitler-Stalin-Pakt, durch die Art, wie die Macht in Ländern etabliert wurde, die gewissermaßen Vorläufer der DDR waren. Diese Distanz hat ein Klima geschaffen, das mit der Zeit davor überhaupt nicht zu vergleichen war. Damals waren sie, das sage ich noch einmal, feindliche Brüder. Danach ergab sich ein grundsätzlicher Graben.

Auch die Gewerkschaften waren politisch und weltanschaulich gespalten. Gleichwohl, die Arbeiterbewegung war eine bedeutende Kraft, die in sich selbst zu ruhen schien. Es gab nicht nur Partei, nicht nur Partei und Gewerkschaft und Genossenschaft, sondern das ganze Spektrum einer Kulturbewegung drumherum. Eine Vielzahl von Kulturorganisationen, Kinderorganisationen, Jugendorganisationen, und was weiß ich. Bis hin zu den Sterbekassen. War alles mit dabei.

Welches Verhältnis hatte diese Arbeiterbewegung zum Staat?

Es war ein gespaltenes Verhältnis. Einerseits war man zufrieden, daß die Monarchie abgelöst war. Andererseits traute man den neuen Regierungen nicht. Das hängt natürlich auch wieder mit der Spaltung und den blutigen Auseinandersetzungen zusammen, die man über mehrere Jahre, vom Januar 1919 an, erlebt hatte.

So ganz hatten viele den Frieden mit dem Staat eben nicht gemacht. Man empfand, daß auch der demokratische Staat immer noch mehr andere repräsentierte als einen selbst. Es gab wenig, woran man selbst teilhatte.

Mit schuld daran war natürlich die maximalistische Vorstellung, daß man Sozialismus haben wollte und die Republik als ›nicht viel‹ begriff. Das war ein bißchen zuviel auf einmal.

Staatstreue und Visionen passen nicht unbedingt zusammen.

August Bebel, ein wirklich bedeutender Mann, hat in den letzten Jahren seines Lebens, kurz vor dem Ersten Weltkrieg, erzählt, daß er noch als alter Mann die Fahne vorantragen würde, wenn die Arbeiterbewegung den Sozialismus errichtete in Deutschland. Das unterscheidet sich sehr stark von den sehr viel differenzierteren Überlegungen, mit denen Jean Jaurès, der französische Sozialist (1859–1914), vor seine Leute getreten ist. Nicht etwa, daß der viel erfolgreicher gewesen wäre, das kann man nicht sagen. Aber er war anspruchsvoller, weil er näher an der Realität des französischen politischen Lebens war.

Der deutsche Sozialismus war einfacher gestrickt. Nehmen Sie mal einen Mann wie meinen Großvater, bei dem ich aufgewachsen bin. Der kam als Landarbeiter von Mecklenburg nach Lübeck und war dort Arbeiter und einfacher Funktionär. Der war wirklich davon überzeugt, daß, wenn nicht er, dann jedenfalls ich erleben würde, wie dieser Sozialismus kommt, wo jeder nach seinen Fähigkeiten arbeitet und nach seinen Bedürfnissen befriedigt wird, das Geld abgeschafft und alles gerecht verteilt werden wird; mein Großvater stellte sich den Sozialismus bildlich vor: Man werde in große Hallen spazieren und hole sich dort, was man zum Leben brauche. Da gab es übrigens interessante Berührungen mit anarcho-syndikalistischen Vorstellungen, die in Italien und in Spanien mal eine große Rolle gespielt haben.

Stimmt es, daß in mancher Arbeiterwohnung das Bild August Bebels neben denen des Generalfeldmarschalls Moltke und des Kaisers Wilhelm II. hing?

Ich habe das bei mir zu Hause und in der Verwandtschaft nicht gesehen, aber das soll es gegeben haben.

Ist das nicht ein Zeichen des Versuchs, aus klassenbewußten Arbeitern treue Staatsbürger zu machen?

Nein, das ist eine gedankliche Konstruktion, die ich mir nicht zu eigen machen kann.

Erlitt die Partei damals nicht eine Art ›Verpreußung‹, etwa bei der Bewilligung der Kriegskredite im Jahr 1914?

Das ist zu einfach gesehen. Bei der Bewilligung der Kriegskredite haben sich süddeutsche von ›preußischen‹ Sozialdemokraten kaum unterschieden. Außerdem hielte ich es für ungerecht, der deutschen Linken anzukreiden, was die nicht – jedenfalls nicht allein – zu verantworten hat.

Gehörten ordnungsstiftende Politiker wie Gustav Noske tatsächlich in die Partei?

Ich werfe mich doch auch nicht zum Richter über Funktionäre der damaligen Arbeiterbewegung anderer Länder auf, die den Übergang von der Opposition zur Scheinmacht nicht oder nur sehr schwer verdauten.

Muß man aus alledem, was Sie schildern, nicht schließen, daß die deutsche Tradition politisch und kulturell verbie-

tet, gegen den Strom zu schwimmen, aufzustehen und aufzubrechen gegen den Staat?

Unterschätzen Sie bitte nicht die Opfer, die die deutsche Arbeiterbewegung auf sich genommen hat. Ich weiß, wieviel unzulänglich gewesen und geblieben ist. Aber den deutschen Arbeitern anzulasten, was das Bürgertum zu verantworten hat, das hielte ich für eine fatale Ungerechtigkeit.

Im kaiserlichen Deutschland wurde ein feudaler Obrigkeitsstaat zum Gehäuse des sich rasch entfaltenden Kapitalismus. Haben beide – Obrigkeitsstaat und Kapitalismus – später nicht einfach weitergelebt, ohne je gründlich und kritisch in Frage gestellt zu werden?

In der Tat, diese Kombination war stärker als der Versuch von Weimar.

Bereits die Bourgeoisie unterschied zwischen dem ökonomischen und politischen Kampf, ein Erbe, das auch die SPD übernahm. Liegt da auch der Grund, warum die deutsche Arbeiterbewegung, deren wesentliche Kraft die Sozialdemokratie war, sich staatsbezogener verhielt und verhält als die anderer Länder?

Nein, das sehe ich anders. Die preußisch-deutsche Zurückgebliebenheit in Sachen parlamentarischer Demokratie hat die deutsche Linke – anders als etwa die französische – in betonter Staatsferne verharren lassen. Daß sich daraus dann auch die Gleichgewichtsstörungen ergeben haben, will ich nicht bestreiten.

Auch die Bourgeoisie und die neu entstehenden Mittelschichten waren und blieben in ihren politischen, wirtschaftlichen und sozialen Erwartungen staatsvermittelnd?

Ja, natürlich. Und warum eigentlich nicht?

Friedrich Engels hatte 1885 vergeblich gehofft, die deutsche Bourgeoisie würde bald einmal dazu gezwungen, »eine politische Rolle zu spielen, wie das ihre verdammte Schuldigkeit ist«. Er monierte, daß sie alles das, was sie aus eigenem Klasseninteresse freiwillig tun sollte, nur gezwungenermaßen tue. Drängen sich da nicht Vergleiche zu heute auf?

Nein, das sehe ich nicht. Eher denke ich an Marxens Satz, daß sich die Geschichte nicht wiederhole, es sei denn als Farce.

Aber wo sonst ist die Erklärung dafür, daß keine deutsche Klasse sich je durch einen Umsturz von einer Staatsform emanzipiert hat?

Ich halte nichts davon, vermeintliche nationale Charaktereigenschaften als Faktoren zu überschätzen, durch die man geschichtliche Abläufe erklären könnte. Und sicher sind wir uns einig, daß bei einem Rassismus mit umgekehrtem – in diesem Fall: antideutschem – Vorzeichen nichts Vernünftiges herauskommen würde.

Das demokratische Bewußtsein wuchs nicht mit. In der Substanz, und nur formal abgewandelt, hielt sich das Ideal vom Obrigkeitsstaat einerseits und der Wirtschafts- und

Militärmacht andererseits gegen das man nicht wirklich aufmuckte.

Diese Deutung halte ich für unerlaubt vereinfacht.

Sie waren sehr jung, als Sie 1933 aus Deutschland weg nach Norwegen gingen. Was dachten Sie über das Deutschland, das Sie verließen, um Widerstand im Ausland zu organisieren?

Ich weiß nicht mehr genau, mit welchen Perspektiven ich gerechnet hatte. Aber als ich Anfang 1934 zu einer Konferenz nach Paris fuhr, da ging die Diskussion vorwiegend um die sogenannte lange oder kurze Perspektive. Die kurze Perspektive rechnete mit einem Jahr, vielleicht auch mit zweien. Dann, so meinte man, würde Hitler scheitern, zum Beispiel an wirtschaftlichen Schwierigkeiten; und auch das Ausland werde ihn nicht so schalten und walten lassen, wie er wollte. Nach der langen Perspektive, die vertrat damals Professor Fritz Sternberg, sollte Hitler sich etwa so lange halten können, wie der Erste Weltkrieg gedauert hatte, etwas über vier Jahre also. Das war die lange Perspektive. Wir haben alle Illusionen gehabt.

Wieso war der Realitätssinn denn derart gestört? Das Bündnis zwischen Hitler und den Mächtigen der Wirtschaft war doch kein Geheimnis.

Was die Wirtschaft und ihren Einfluß im Dritten Reich angeht, darüber halten sich bis heute Fehleinschätzungen. Wir haben damals geglaubt, das wird nicht klappen, das wird zu Inflation und unauflösbarer Krise führen. Und dann hat Hjalmar Schacht gezeigt, daß es eine Lösung auch ohne Inflation gibt, wenn man die Dinge mit den Mitteln des totalitären Staates hinreichend unter Kontrolle bringen kann. Die Vermutung, daß sich Hitler einer Wirtschaftskrise ausgesetzt sehen könnte, die war trotzdem so abwegig nicht.

Die Nazis waren die größte Massenbewegung, die Deutschland je hervorbrachte: Die Universitäten, die Armee, die Bürokratie, ein großer Teil der bürgerlichen Führungsschichten zogen mit. Auch kirchliche Würdenträger überantworteten sich dem Verbrechen. Die bürgerlichen Parteien rechts von der Mitte hatten bis März 1933 ca. 75 Prozent ihrer Wähler an die NSDAP verloren. Wie läßt sich ein solcher Massenwahn erklären?

Vergessen Sie die sechs Millionen Arbeitslosen nicht. Arbeitslosigkeit hieß damals etwas anderes als heute. Es gab eine große Verelendung. Zwar stimmt es nicht, wie manchmal behauptet wird, daß ein großer Teil der Arbeiterschaft zu den Nazis überlief. Die Nazis haben aber doch einem großen Teil des Lumpenproletariats, auch Arbeitslosen und Verelendeten, Beine gemacht. Mehr auf dem Lande als in den Städten, aber auch in den Städten. Und dann war Hitler, bei all seinen Verrücktheiten, nicht ungeschickt. Viele der Frontsoldaten schaffte er auf seine Seite, indem er sagte, Deutschland sei mißhandelt worden, und an Versailles, die Ruhrbesetzung und die Reparationen erinnerte, die Deutschland an die Siegermächte zahlen mußte. Die haben ja auch die demokratischen Regierungen vorweg versucht wegzudrücken. Dazu kam, daß das Ausland den Nazis gegenüber den Schwanz eingekniffen hat. Da war nichts mehr mit Reparationen, da war nichts mehr mit Sonderbestimmungen, die abzulösen man den Demokraten verweigert hatte.

Aber es gab doch auch eigene Erfahrungen. Die Verfolgungen der Nazi-Gegner setzten buchstäblich am Tag der Machtergreifung ein. Noch während die Nazis diesen schrecklichen Tag mit einem Fackelzug feierten, begannen sie, ihre Gegner überall im Reich ›auszuschalten‹. Das hieß: Kerker, Folter, Mord. Viele der Opfer waren Sozialdemokraten. Ihnen wurde ein hoher Blutzoll abverlangt. Erregte das nicht wenigstens Aufsehen, wenn Reaktionen schon ausblieben?

Es gab kein Fernsehen, dafür aber rasch gleichgeschaltete Zeitungen. Vieles wurde gar nicht bekannt. Viele, ich gehöre zu ihnen, haben Hitler nie in Person erlebt. Vielleicht würde der heute deshalb nichts werden, weil es das Fernsehen gibt. Außerdem muß man bedenken, daß der Erste Weltkrieg für viele Menschen, zumal für die, welche an der Westfront waren, ein ganz, ganz einschneidendes Erlebnis war. Diese Jahre haben die Leute im Grunde – ganz kann ich das immer noch nicht verstehen – stärker geprägt als das, was man nach dem Zweiten Weltkrieg hat feststellen können. Aber vielleicht hängen die Reaktionen nach dem Zweiten Weltkrieg mit der Art zusammen, wie das Hitler-Regime zusammengebrochen ist.

Nach dem Ende des Ersten Weltkrieges waren sehr viele Menschen ja keineswegs davon überzeugt, daß Deutschland den Krieg wirklich verloren hatte. Denken Sie an die verlogene Geschichte vom Dolchstoß in den Rücken der Heeresführung, nur weil sich in Berlin und anderswo die

Arbeiter gerührt hatten, hätten sie aufstecken müssen. In Wirklichkeit sei Deutschland im Felde nicht besiegt worden. Das hat dieser Kerl, der Hitler, alles ausgeschlachtet.

Bis zur Einschränkung der Versammlungs- und Pressefreiheit nach der Machtergreifung dauerte es keine Woche. Im März 1933, zwei Monate später, kündigte man die Errichtung von Konzentrationslagern an; fünfzig Lager wurden bis zum Jahresende errichtet. Kurz darauf rief die NSDAP zum Boykott jüdischer Geschäfte auf. Anfang Mai 1933 wurden die Gewerkschaften zerschlagen. »Das bessere Deutschland ging symbolisch in Flammen auf«, wie Sie die Verbrennung von Büchern nicht genehmer Autoren beschrieben haben. Warum hat fast eine Hälfte des Volkes gekniffen, Ohren und Augen geschlossen, als die Deportationszüge rollten, die Synagogen brannten, die Menschenrechte unaufhörlich mit Füßen getreten wurden und dieser Teil der Deutschen um jeden Rechtsschutz gebracht wurde?

Die Phantasie der Menschen reichte nicht aus für Art und Ausmaß der Verfolgung und Vernichtung. Andererseits trat in Wirklichkeit zu den Verbrechen der Versuch vieler, auch derer, die nicht an der Planung und Ausführung beteiligt waren, nichts hören, nichts sehen zu wollen.

Kehren wir noch einmal zur Irrationalität zurück. Kurt Schumacher sagte, die Nazis appellierten an den Schweinehund in uns Deutschen. Liegt nicht die Vermutung nahe, die Nazis seien deshalb so relativ leicht hochgekommen, weil sie einfach den Geschmack der Leute und ihrer Zeit trafen?

Die Nazis haben sicher etwas getroffen. Ob es Geschmack war oder gar Zeit-*Geist*, mag man bezweifeln dürfen. Es war eher etwas Dumpfes, hatte mit Angst zu tun auf der einen und Überhebung auf der anderen Seite.

Warum mußte man im NS-Staat oft vor einem Nachbarn, vor einem Kommilitonen, vor einem Lehrer mehr Angst haben als vor der Polizei? Wäre das in irgendeinem anderen europäischen Land denkbar gewesen?

Das war ein schlimmer Fanatismus und eine verdrehte Gläubigkeit, schon eine Besonderheit der Hitlerei.

Auch damals war von einer Wende die Rede. In den Räumen der Münchener Universität sprach der Kultusminister 1933 von der Umwandlung des nun vergehenden Zeitalters der Maschinen in ein Seelen-, Gemüts- und Rassenzeitalter. Das hat im Sinne der Nazis gut funktioniert, vielleicht auch, weil die Weimarer Republik das »Zeitalter der Maschinen und des Verstandes« nicht begreifbar gemacht hatte.

Die mörderischsten Maschinen haben die Nazis bauen lassen. Aber richtig, sie haben auch den Antimodernismus weidlich ausgebeutet, die Ängste, die Verunsicherungen, die Sehnsucht nach einem einfachen guten Leben ohne Streit. Das war ja das Schlimme, zugleich das Erfolgreiche.

»Wichtig bleibt die Erkenntnis, daß von einem gewissen Punkt an politisches Handeln nicht mehr möglich ist«, schrieben Sie in Ihrer Autobiographie. Wann und was war Ihrer Einschätzung nach dieser gewisse Punkt?

Ich kann das nicht genau nach dem Kalender sagen. Aber es wäre wohl noch Ende 1932 möglich gewesen, als die Nazipartei Zeichen der Rückläufigkeit zeigte. Man hätte die Machtfrage stellen müssen, solange es noch ging. Ich bedauere, daß die Herausforderung nicht angenommen wurde.

Sie gingen als Angehöriger einer Bewegung, die versagt hatte, ins Exil. Versagt, weil es ihr nicht gelungen war, Unmenschen von der Macht fernzuhalten, und weil sie nicht einmal imstande war, das Ausmaß des Ungeheuerlichen deutlich zu machen. »Wir gingen mit der Last der Mitverantwortung für das Scheitern der deutschen Demokratie«; das sind Ihre Worte. Hat sich der Widerstand wenigstens im Exil organisieren lassen?

Die Leistung im Exil war, politisch gesehen, leider nicht so groß. Man hat ja nicht einmal den Ansatz einer Gesamtrepräsentation zustande gebracht.

Da sind wir wieder bei den Kommunisten. Was hätte denn nähergelegen, als die Reichstagsabgeordneten, die draußen waren, irgendwie zusammenzufassen? Die hatten ja noch ein demokratisches Mandat, die hätten sprechen können. Warum hat man's nicht gemacht? Weil mehr Kommunisten neben einer Reihe von Sozialdemokraten und allerdings auch einigen Zentrums-Leuten dabeigewesen wären.

Außer gewissen Volksfrontversuchen des Schriftstellers Heinrich Mann, der ein bißchen von der KP gegängelt wurde, hat es wenig gegeben. Es gab schrecklich viel Streit. Der ganze Streit von Weimar ging im Ausland weiter.

Ist Dauerstreit ein Merkmal der deutschen Linken?

Ja, man hat ironisch gesagt: Ein Teil der Linken benahm sich wie niedere Lebewesen, die sich durch Spaltung fortpflanzen.

Im Jahre 1901, zwölf Jahre bevor Sie geboren wurden, erschien Thomas Manns großer Roman ›Die Buddenbrooks‹, die Geschichte einer lübschen Patrizierfamilie. In Ihrer Autobiographie wird immer wieder deutlich, wie wichtig es für Sie ist, in Lübeck geboren worden zu sein. Sie haben die Stadt als unehelicher Sohn einer Verkäuferin, gewissermaßen vom anderen Ufer aus, erlebt.

Thomas Manns Lübeck war natürlich ein anderes als das, in dem ich aufgewachsen bin. Durch die Schule bekam ich Kontakt mit Lübecks Geschichte, dem Hanse-Bund etwa. Als Lübecker bin ich auch heute noch stolz auf die hansische Tradition und was damit nicht nur wirtschaftlich und politisch, sondern vor allem auch kulturell verbunden war.

Aber das Lübeck der Arbeiterschaft hatte mit dem Lübeck der Patrizier wenig zu tun. Das bedeutet sicher nicht, daß es an Selbstbewußtsein fehlte. Unser Bewußtsein war das Bewußtsein derer, die neu ankamen, die aufsteigen wollten und in dem Gefühl lebten: Wir übernehmen das schon.

Obgleich es eine Gegnerschaft bis hin zur Feindseligkeit zwischen dem Arbeiter, damals sagte man Proletarier, und dem großen reichen Kaufmann gab, brachte einen das nicht in einen eigentlichen Konflikt mit der Geschichte. Man kann sich gut vorstellen, daß eine aufsteigende

Klasse, die neu nach Einfluß und Macht greift, sich auch auf die Geschichte stützen will.

Wie formte sich Ihr Selbstbewußtsein? Empfanden Sie als Arbeiterkind bei der Berührung mit dem Großbürgertum nicht so etwas wie einen Minderwertigkeitskomplex?

Vielleicht, aber meine Klasse war eine, die nicht nur darum kämpfte, politisch einen Platz im Staat einzunehmen. Sie stellte gesellschaftliche und kulturelle Ansprüche, wollte im ganzen nicht zurückstehen.

Nun ist Lübeck, was das angeht, ein bißchen besser dran gewesen als andere Städte, weil es, und das hat dann mit Selbstbewußtsein zu tun, schon zu Zeiten des Kaiserreichs eine so starke Arbeiterbewegung gab. Weil es eben schon Jahrzehnte durch einen sozialdemokratischen Abgeordneten im Deutschen Reichstag vertreten war und es nach dem Ersten Weltkrieg auch einen sozialdemokratischen Bürgermeister gab.

In Ihrer Autobiographie gibt es die anrührende und zugleich bezeichnende Geschichte von dem Staatsanwalt, der Ihnen als kleiner Junge zwei Brotlaibe schenkte, die Sie auf Geheiß Ihres Großvaters wieder zurücktragen mußten.

Das hatte mit dem Klassenbewußtsein des Großvaters zu tun. Er sagte, wenn da ein Arbeitskonflikt ist, läßt man sich auch indirekt nicht bestechen. Man nimmt keine Freundlichkeit an von jemandem, der auf der anderen Seite steht.

Es ging uns nicht gut, wir haben nicht immer genug zu essen gehabt. Aber es ist nicht das, was eigentlich haftengeblieben ist. Materiell arm, aber politisch voller Zuversicht, und geistig waren wir wie ein Schwamm. Wir waren ja nicht verdorben, wir waren nicht negativ vorbelastet, sondern nahmen auf. Uns interessierte alles, nicht nur das, was mit den neuen Schichten und mit der neuen Klasse zusammenhing. Das war bei uns eine selbstverständliche Sache. Wir nahmen schöne Literatur auf, wir gingen ins Theater. Lübeck hatte ein ganz gutes Theater, obwohl es damals nur eine Stadt mit 120 000 Einwohnern war. Meine Mutter war zwar knapp mit dem Geld; trotzdem war es selbstverständlich für sie, in der Volksbühne ein Dauerabonnement zu haben. Es wurden vorwiegend klassische Stücke gespielt, aber auch Tendenzstücke, von denen es in der Weimarer Republik eine ganze Menge gab: Theodor Wolf oder Ernst Toller, um zwei Namen zu nennen. Aber ganz überwiegend ging es um das Hineinleben in die Welt des Wahren, Guten und Schönen, mit all dem, was daran problematisch ist. Die Leute wissen heute nicht mehr, wie gut manche der intelligenten Arbeiter jener Zeit ihren Schiller – Schiller übrigens mehr als Goethe – kannten. Sie kannten ihn so gut, daß sie lange Passagen auswendig zitieren konnten.

Weshalb Schiller besser als Goethe?

Schiller wirkte kämpferischer. Außerdem war es leichter, ihn in sich aufzunehmen.

Was für eine Frau war Ihre Mutter?

Ich habe schon versucht, am Beispiel des Theaters zu zeigen, daß sie eine einfache, aber durchaus nicht anspruchslose Frau war. Sie ist ja erst recht nicht den leichten Weg gegangen. Auf ihre Weise gehörte sie, das einfache Arbeitermädchen, zu so etwas wie einer Vorläufergruppierung der heutigen Ökologen. Die Naturfreundebewegung, wiederum als Teil des Ganzen, spielte eine Rolle, die man heute vergessen hat. Trotz ihrer materiellen Beengtheit und dem kurzen Urlaub, der damals üblich war, sparte meine Mutter Geld, um mit Freunden in die Alpen zu fahren. Außerdem hat sie viel gelesen.

Welche Eigenschaften haben Sie von ihr?

Die Beharrlichkeit.

Wie hat sie reagiert, als Ihr Leben so bedeutend wurde?

Sie hat es nicht für so überraschend gehalten. Sie hat mir schon früh eine ganze Menge zugetraut.

Dabei hat Sie in Wahrheit wohl mehr Ihr Großvater geprägt. Was war er für ein Mann?

Ein solider Arbeiter und verläßlicher lokaler Vertrauensmann mit einem erheblichen Schuß Naivität, dabei treu wie Gold.

Es gibt die schöne Geschichte, wie er Ihnen während der Unruhen im Jahre 1922 Ordentlichkeit beizubringen versuchte ...

Na ja, Ordnung muß sein. Davon handelt die Geschichte. Die sozialdemokratische Arbeiterwehr hatte dadurch zeitweilig die Polizeibefugnisse übernommen. Er war Revierschreiber, und ich brachte ihm sein Essen. Und dabei mußte ich konstatieren, daß gewisse Ordnungswidrigkeiten – wie das Urinieren an dafür nicht vorgesehenem Ort – mit einem Schlag auf den Hintern geahndet wurden. Unbürokratisch war das gewiß.

Das war freilich eine andere Welt als die der ›Buddenbrooks‹.

Ich war 17, als ich den Roman zum ersten Mal las. Ich muß gestehen, ich hatte das meiste vergessen und habe das Buch deshalb nach dem Krieg wieder gelesen. Ich habe auch vieles beim ersten Mal nicht so verstanden wie später, als ich eine Runde weiter war. Von seinen lübschen Bezügen war ich sehr beeindruckt. Ich fand in einer Reihe von Figuren wieder, was auch noch eine Generation später typisch war für die Repräsentanten des ›feinen‹ Teils der Stadt.

Lag Ihnen der Großbürger Thomas Mann, Ihr Lieblingsschriftsteller, politisch?

Bei ihm hat sich ja manches im Lauf der Jahre geändert. Als 17jähriger war ich beeindruckt, daß Thomas Mann seine Sympathie für die Sozialdemokraten zum Ausdruck gebracht hatte. Da gab es ein langes Interview mit Dr. Fritz Solmitz vom ›Lübecker Volksboten‹, der dann 1933 von den Nazis umgebracht wurde. Das Interview lag ungefähr zu der Zeit, als Mann in Berlin als verantwortlicher Konservativer an das Bürgertum appellierte: Jetzt müßt Ihr Euch auf die richtige Seite stellen.

Ich bin Thomas Mann leider nie persönlich begegnet.

Seinen Bruder Heinrich Mann habe ich in Paris getroffen. Mit Thomas habe ich nur einmal einen Brief gewechselt, nachdem er nach Deutschland zurückgekehrt war.

Heinrich Mann haben Sie einmal den deutschesten der deutschen Emigranten genannt.

Die Formulierung mag verwundern. Er kannte Frankreich besser als wohl die meisten Flüchtlinge in Frankreich. Das war nicht aufgesetzt bei ihm, sondern so war er ganz. Daß er Artikel für französische Zeitungen formvollendet auf französisch schreiben konnte, er hat ja von Artikeln leben müssen, ist ja was. Er lebte zu einer guten Hälfte in der französischen Kultur, obwohl er in Berlin Präsident der Akademie gewesen war und viel in sich aufgenommen hatte durch drei sich so ergänzende Bezugspunkte wie Lübeck, München, Berlin.

Heinrich Mann trug nicht nur seine eigenen Erfahrungen und seine eigene literarische Produktion, sondern eine ganze Menge von anderen mit sich. Mehr von dem, was links von der Mitte stand. Aber rechts von der Mitte war auch nicht viel an bedeutender literarischer Potenz zu der Zeit, als die Manns Deutschland verließen.

Und das besonders Deutsche an ihm, was war das? War es die Sehnsucht nach Deutschland?

Es gab da zwischen uns einen intensiven, solidarischen Moment, als dieser wesentlich ältere, bedeutende Mann mir bei unserer Begegnung in Paris, im Spätherbst 1938, sagte, weil er wußte, auch ich kam aus Lübeck: »Jetzt müssen wir wohl davon ausgehen, daß wir die sieben Türme nie wiedersehen werden.« Die Stadt seiner jungen Jahre war in ihm so lebendig geblieben wie in seinem Bruder Thomas.

Heinrich Mann beschreibt in seinem Roman ›Der Untertan‹ die Reintegration des Bürgertums in die rückständige Lebenswelt von Monarchie und Landadel. Diese Mythen lebten in anderer Form, zum Beispiel in dem steilen Prestigegefälle der deutschen Stände, fort. Liegt da vielleicht auch ein Stück der Erklärung, warum der Deutsche so gern in die Rolle des Untertanen schlüpft?

Wer ist *der* Deutsche? Für selbstbewußte Leute aus der Arbeiterschaft, zu denen ich mich zählen darf, gilt die Formel nicht.

Ist die Distanz, die Sie häufig ausstrahlen, hanseatisch, durch Lübeck geprägt?

Das kann man selbst nicht gut beurteilen. Ein anderer, der zur Zeit der Großen Koalition den damaligen Bundeskanzler Kurt-Georg Kiesinger über mich, seinen Außenminister und Stellvertreter, aufklären sollte, hat ihm gesagt: »Denken Sie daran, der Brandt, das ist ein Lübekker.« Kiesinger hat nicht gewußt, was er damit anfangen sollte. Der andere meinte damit vermutlich eine bestimmte Art von Eigensinn, verbunden mit, wenn's drauf ankommt, Wortkargheit und der Unfähigkeit, sich an jemanden ranzuschmeißen. Wenn man will, läßt sich das bis zu beträchtlichem Sektierertum steigern. Ich denke, bei mir nicht.

Dafür sagte man Ihnen nach, Sie seien ein großes Schlitzohr. Ein lübsches Schlitzohr?

Eigentlich glaube ich nicht, daß ich das bin, was man mit Schlitzohr meint. Es sei denn, man meinte damit, daß ich mir Dinge merke. Ich bin damit aufgewachsen, nicht so leicht zu vergessen, auf bestimmte Vorgänge zurückzukommen, wenn's einem richtig erscheint. Im rechten Moment Durchblick zu beweisen. Ich weiß, das kann andern manchmal auf die Nerven gehen.

Sind Ihre drei Söhne nach Ihnen geraten?

Das weiß ich nicht. Ich habe mir – wie das bei Leuten, die im politischen Geschäft stehen, häufig ist – bei weitem nicht genug Zeit für sie genommen. Aber ich habe sie nie allein gelassen, sondern versucht hinzuhören. Die sind untereinander sehr verschieden.

Der eine ist Linkssozialist, nicht so weit von der SPD entfernt. Auch ich hätte dort stehen können. Aber wo er auch wäre, wir wären Menschen, die gut miteinander stünden.

Der zweite ist Künstler und Humansozialist, und der dritte ist gerade Schauspieler geworden. Beide sind mehr im künstlerisch-linken Denken drin als im eigentlich politischen. Wir haben keine großen Probleme miteinander gehabt, aber ich muß selbstkritisch sagen, ich hätte mir schon ein bißchen mehr Zeit nehmen müssen. Nicht, um sie zur Raison zu bringen oder davon zu überzeugen, daß das, was man selbst meint, richtig sei, sondern um ein bißchen mehr zu vermitteln von der eigenen Erfahrung und um früher hinzuhören bei dem, was sie trieben.

Erfüllt Ihr Lebensweg Ihre Kinder mit Stolz, oder schuf Ihre Bedeutung mehr Angst vor dem großen Vater?

Ich habe nicht schrecklich viel über meinen Lebensweg erzählen müssen. Die haben das so mitgekriegt. Und es hat mich manchmal überrascht, wieviel die wissen über bestimmte Abschnitte meines Lebens, deren Einzelheiten ich schon fast vergessen hatte. Die haben nachgefragt, haben was nachgelesen, sind alle drei auch im Skandinavischen halb oder viertel zu Hause. Nein, die sind, was den Lebensweg des Vaters angeht, zumal in der Nazizeit, während des Krieges und danach, vielleicht sogar mit dem Vater noch mehr einverstanden als dieser mit sich selbst, obwohl wir sonst nicht immer einer Meinung sind.

Ihr Lebensweg verlief von Jugend an eher ungewöhnlich, Sie waren oft Außenseiter. Haben Sie das als Stärke empfunden, oder hat es Sie eher bedrückt?

Ich glaube, es hat mich nie sonderlich belastet. Außenseiter zu sein bedeutete natürlich oft Einsamkeit. Aber Einsamkeit hat mich eigentlich nie geschreckt. Sie hat mich nicht als etwas Belastendes beschäftigt. Ich habe auch nie Angst davor gehabt, zum Beispiel – unter normalen Bedingungen hätte ich fast gesagt – eingesperrt zu werden. Manchmal habe ich gedacht, so schlecht wäre das gar nicht, ein paar Jahre nichts anderes tun zu müssen als zu lesen.

18, 19 Jahre alt waren Sie, als Sie wie ein Grüner Ihrer Zeit gegen Ihre Partei rebellierten und die Sozialistische Arbeiterpartei mitbegründeten. Woher nahmen Sie so viel

Sicherheit, daß Sie sogar Ihrem politischen Meister, Julius Leber, widersprachen?

Leber stand auf der rechten Seite des Sozialismus, auf der rechten Seite der alten, deutschen Sozialdemokratie. Ich war hingegen ein Junger auf dem linken Flügel. Wenn man heute zurückschaut, hatten die militanten Mitglieder der Parteirechten mit denen der jungen Linken mehr gemeinsam als mit denen der sogenannten Mitte, die so viel redeten, aber wenig davon durchsetzten.

Was ist Ihnen denn schwerer gefallen: der Austritt aus der Sozialdemokratischen Partei oder die Emigration?

Mein Austritt aus der Sozialdemokratischen Partei im Jahre 1931 war kein sehr tiefer Einschnitt in meinem Leben. Ich fühlte mich in jeder Hinsicht als Teil der Bewegung, und die Tatsache, daß ich mich vorübergehend außerhalb der Mutterkirche befand, war nicht so schlimm. Außerdem waren wir sehr überzeugt davon, daß wir recht hatten, sonst hätten wir uns ja auch nicht so entschieden. Nein, das wirkliche Drama spielte sich Anfang 1933 ab. Als plötzlich dieses allgemeine Sich-Ergeben begann, dieses Sich-unterwerfen-Müssen, dieses Sich-anpassen-Müssen. Dieser Umschwung spielte sich in ganz kurzer Zeit ab. Er hinterließ in uns tiefe Wunden, auch weil der Riß zwischen Mutigen und Feiglingen, zwischen Gut und Böse durch den größten Teil von uns allen ging.

Was wollte die Sozialistische Arbeiterpartei? Wollte sie die großen Parteien beeinflussen, die Sozialdemokratie und die Kommunisten, oder wollte sie eine autonome und revolutionäre Kraft der Linken werden?

Ende 1931 wurde die SAP von nicht einmal einem Dutzend Abgeordneter im Parlament geboren, die auf diese Weise gegen die Politik der Regierung Brüning und gegen die Entscheidung für die Panzerschiffe protestieren wollten. Der Wahlkampf ging gegen die Panzerschiffe und propagierte die Schulspeisung. Zu diesen Abgeordneten gesellten sich, neben anderen, Genossen, die von den Kommunisten wegen Rechtsabweichung aus der Partei geworfen worden waren. Diese Rechtskommunisten und Linkssozialisten glaubten - das war Ende 1931, Anfang 1932 –, daß es ihnen gelingen würde, alle die zusammenzutrommeln, die sich damals als gewissermaßen ›heimatlose‹ Linke zur Arbeiterbewegung gehörig fühlten. Aber das überzeugte von Anfang an nur wenige. Alfred Kerr schrieb, wenn ich mich richtig erinnere, so etwas Aktuelles wie: »Wir spalten fest und treu zusammen.« Er wollte die auf den Arm nehmen, die sich zuerst spalteten, um sich dann besser vereinen zu können. Aber wir glaubten, auf diese Weise zur Einheit beizutragen, und später, in den ersten Monaten, nachdem die Parteien für illegal erklärt worden sind, hatte unsere kleine Gruppe eine ziemliche Bedeutung. Denselben Eindruck hatte ich noch einmal 1936 in Berlin, als ich für einige Monate die politische Direktion der übriggebliebenen Organisation innehatte. Sicher, wir waren geschützter, weil wir früher nicht bekannt gewesen waren, und der große Teil von uns war sehr jung. In jedem Fall bedauere ich die Erfahrungen, die ich damals gemacht habe, nicht.

Nachträglich halte ich es freilich nicht für eine sehr gescheite Sache, was wir damals gemacht haben. In Lübeck ist uns auch nur die Mehrheit des Jugendverbandes aus der Sozialdemokratischen Partei gefolgt. Wie das so ist, wenn man in eine Dissidentengruppe gerät, man hat mehr an sich arbeiten müssen und können, als wenn man immer im großen Haufen geblieben wäre. Man mußte viel mehr Dinge für sich selbst erarbeiten, sehr viel mehr auch für sie einstehen.

Weshalb wurden Sie nie Mitglied der Kommunistischen Partei?

Das habe ich nie in Erwägung gezogen. Dabei mangelte es mir nicht an Radikalität. Mich störte, daß es nicht mehr die Partei war, die – wie zu Beginn mit Rosa Luxemburg – auch den Russen gegenüber ihren eigenen Standpunkt vertrat. Sie wurde, worauf ich hinwies, letzten Endes ganz abhängig von dem, was die Zentrale in Moskau sagte. Ich glaube, das war für Leute wie mich der eigentliche Hinderungsgrund, mich von dort angezogen zu fühlen.

Im Exil waren Sie doppelter Emigrant: der Deutsche, der Norweger wurde, und dann der Norweger, der nach Schweden flüchtete. Zuerst 1945, dann definitiv 1947 kamen Sie nach Deutschland zurück. Das lange Exil, die Tatsache, daß Sie zeitweise eine norwegische Uniform trugen, ist Ihnen in Deutschland später häufig als Verrat angelastet worden. Sie sagten einmal, daß Sie aus dieser

Kampagne nicht ganz unbeschadet herausgekommen sind. Wie tief ist das gegangen?

Der doppelte Emigrant ist nur eine Teilwahrheit und zum Teil auch nur etwas Äußerliches. Und die norwegische Uniform, die ich erst 1940 anzog, um in Kriegsgefangenschaft und nicht in die Fänge der Gestapo zu geraten, und die ich dann nach Kriegsende im Rang eines Ziviloffiziers trug, ist nichts, dessen ich mich zu schämen gehabt hätte.

Ich hatte als ganz junger Mann das große Glück, richtig in die norwegische Gesellschaft hineinzuwachsen. Ich bin relativ rasch Halb-Norweger, Dreiviertel-Norweger geworden. Daß ich dann die norwegische Staatsbürgerschaft bekommen habe, nachdem die Nazis mir die deutsche genommen hatten, war eine große Hilfe. Wohlgemerkt, ich habe als Staatenloser den norwegischen Paß gern angenommen.

Ich habe mich gut eingelebt und norwegisch bald so gut wie deutsch gesprochen. Ich bin deshalb auch so gut durchgekommen, als ich 1940 in einem Lager in Norwegen landete. Ich hatte viele Freunde, nicht nur in der Politik. Viele der norwegischen Schriftsteller, die einen Namen hatten und von denen manche über die Grenzen ihres Landes hinaus bekannt wurden, waren mit mir befreundet. Das setzte sich während der Kriegsjahre in Schweden fort, wenn auch nicht so ausgedehnt.

Daß ich, ich war ja gerade erst einmal zwanzig, Deutschland so früh verließ, war mein Vorteil. Da ich mich gegen das Neue nicht sperrte, war mein Leben eben leichter als das mancher anderen. Später konnte ich guten Gewissens sagen, ich bin Deutscher geblieben, aber ich bin auch ein Norweger geworden. Unter Umständen hätte ich, wer weiß, nach dem Krieg ja auch einen ganz anderen Weg nehmen können.

Sie hätten zum Beispiel die diplomatische Laufbahn einschlagen können. Sie hatten 1947, als Sie nach Deutschland zurückkehrten, einen norwegischen Diplomatenpaß in der Tasche.

Ja, und wer weiß, wo ich als Diplomat gelandet wäre. Gunnar Myrdal bot mir eine Aufgabe bei den Vereinten Nationen in Genf an. Auch zur norwegischen Botschaft in Paris hätte ich gehen können.

Ich hatte mal eine Freundin in Paris. Sie sagte mir, sie würde mir nur dann nach Norwegen folgen, wenn ich ihr verspräche, ich würde dort König. Das habe ich ihr nicht versprechen können. Aber Premierminister hätte ich auch nicht werden können, nicht einmal Abgeordneter, wenn ich nicht vorher fünf Jahre Bauer gewesen wäre. Sonst allerdings hätte ich ziemlich viel dort werden können.

Dennoch bekannten Sie sich zu Deutschland, gaben die sichere Existenz auf und entschieden zu einer Zeit, als sich viele schämten, deutsch zu sein, für den Deutschen in Ihnen.

Ich habe zunächst ein Jahr bei der norwegischen Vertretung in Berlin gearbeitet. Dort habe ich gefühlt, und manche Freunde haben es mir gesagt: »Du kannst hier mehr tun. Hier wirst Du mehr gebraucht.« Das Materielle, die Sicherheit der skandinavischen Existenz, hat mich nicht sonderlich beschäftigt. Es steckte, wie Sie zu Recht vermuten, ein anderes Motiv dahinter, daß ich mich um die

Rückgewinnung meiner Staatsbürgerschaft bemühte, noch bevor es eine Währungsreform gab.

Ich habe Deutschland nie aufgegeben, auch nicht als ich meine Art von deutsch-skandinavischem Doppelleben führte. Mich erfüllte mehr und mehr das Gefühl, es hänge schrecklich viel davon ab, was aus Deutschland werde. Und ob dort so etwas wie Demokratie zustande kommen könne. Man konnte mehr helfen als woanders, wurde mehr gebraucht. Alles andere spielte keine große Rolle.

Trotz der Opfer, die Sie die Entscheidung kostete?

Mir ist es zunächst ganz gut bekommen, daß ich zwanzig Pfund abnahm, was mit den Essensrationen in jenen Jahren nicht schwerfiel. Im übrigen ging es mir immer noch besser als vielen anderen, auch dann, als ich in aller Form wieder Deutscher geworden war. Ich hatte meine Verbindungen und kriegte eher als andere einmal ein Paket.

Ich bekam den Auftrag, eine Verbindungsstelle zwischen dem Vorstand der SPD und den Alliierten in Berlin zu übernehmen. Da sagte ich mir, bevor du von den Norwegern weggehst, mußt du dich mit einem stattlichen Reservoir an Zigaretten ausstatten. Denn ich wollte nicht in die Lage kommen, einen Alliierten bei mir zu Gast zu haben und darauf warten zu müssen, daß er mir eine Zigarette anbot. Ich wollte dem Besucher immer von mir aus eine anbieten können, weil ich das andere für entwürdigend hielt. Das waren Kleinigkeiten, aber von so kleinen Genugtuungen lebte man damals.

Sie erzählten die absurde Geschichte von dem englischen Kommandanten in Hannover, der Sozialdemokraten aus

Polizeiämtern feuerte und dafür Nazis einsetzte, weil sie die Orders der Alliierten folgsamer ausführten. Wie groß war, wie weit ging eigentlich die politische Sensibilität bei den Alliierten für ein demokratisches Deutschland?

Das läßt sich nicht auf einen Nenner bringen. Es gab ungewöhnlich aufgeschlossene, intelligente und hilfsbereite Leute bei den Besatzungsbehörden. Es gab auch viele Kommiß- und Dummköpfe.

Welche Unterschiede gab es unter den Alliierten bei der politischen Konzeption des Wiederaufbaus?

Bei den Engländern wußte man am besten, woran man sich zu halten hatte. Bei den Amerikanern gab es zunächst die größten Entfaltungsmöglichkeiten. Die Franzosen zeigten die stärksten Ressentiments.

Wozu eigentlich das ganze Spektakel der Nürnberger Prozesse, die Sie als Beobachter miterlebten?

Die Alternative wäre gewesen, mit den Hauptschuldigen kurzen Prozeß zu machen. Die Grundkonzeption der Prozesse war nicht schlecht, die Durchführung nur zum Teil überzeugend. Ich habe es als einen Hauptmangel empfunden, daß das andere Deutschland nicht angemessen zu Wort und zur Geltung kommen konnte.

Andererseits gab es viel solide Beweisführung und Argumentation. Es gab auch erhebliche Unzulänglichkeiten. Außerdem Widersprüche, die sich aus der unterschiedlichen Position der Siegermächte ergaben.

Was empfanden Sie, der junge Widerständler, der mit Glück und Verstand die Verfolgung überlebt hatte, nun nach dem Zusammenbruch angesichts der Deutschen, die Hitler den Steigbügel gehalten hatten?

Die Leute interessierten mich nicht mehr sehr. Aber ich fand, daß Steigbügelhalter wie von Papen und Schacht zu glimpflich davongekommen sind.

Im Mai 1945, fünf Monate nachdem Julius Leber von den Nazis in Berlin-Plötzensee gehenkt worden war, befreiten die Alliierten Deutschland. Fünf Monate früher – und der Mann, der Sie politisch maßgeblich mitgeformt hat, wäre ein freier Mann gewesen. Ist Lebers verhängnisvoller Tod ein entscheidendes politisches Motiv für Ihren Entschluß gewesen, wieder deutscher Bürger zu werden?

Ich weiß nicht, ob ich so zuspitzen würde. Meine Entscheidung hat mehr zu tun mit Deutschsein im Sinne von Dienst an der Demokratie in dem Teil Europas, wo es am nötigsten war.

Was ist das ›Deutschsein‹?

Ich weiß auch nicht genau, was das ist. Natürlich weiß ich, was kulturelles und geschichtliches Erbe bedeutet. Aber dieses Erbe ist für mich nie zu abstrahieren davon, ob Deutschland ein freies Land ist oder unfrei. Und ob die vielen sich entfalten können oder ob sie sich nicht entfalten können. Ob sie nach vorne gehen können oder nicht nach vorne gehen können.

Mein Vaterland ist nicht, wo es keine Freiheit gibt. Insofern war es völlig in Ordnung, daß die Nazis mir die Staatsbürgerschaft weggenommen haben. Das war jedenfalls logisch. Wenn ein Land, zumal das eigene, den Menschen ihre Rechte nimmt, fühle ich mich auf der Seite derer, denen die Rechte genommen werden. Auch wenn das andere das offizielle Reich, der Staat ist.

Ich weiß nicht, ob der Tod von Leber eine so ausschlaggebende Rolle gespielt hat. Wahr ist, daß er mich hatte fragen lassen, ob ich für eine neue Regierung, Umsturzregierung, provisorische Regierung, was immer das gewesen wäre, zur Verfügung stehen würde. Das habe ich bejaht. Er hatte wohl daran gedacht, daß ich während einer Übergangszeit zunächst in Skandinavien einiges für Deutschland hätte tun können.

Als wir uns zum letzten Mal gesehen hatten, war ich der junge Widerborst, und wir hatten erst durch Theodor Steltzer, der nach dem Krieg der erste Ministerpräsident von Schleswig-Holstein war, wieder Kontakt bekommen. Der war während des Krieges beim General Falkenhorst in Norwegen, und wir trafen uns in Stockholm. Danach ist Steltzer der Vollstreckung eines gegen ihn gefällten Todesurteils nur knapp entgangen.

Natürlich hat mich Lebers Frage berührt. Ich glaube aber nicht, daß ich seines Todes wegen die moralische Verpflichtung fühlte, das zu machen, was ich gemacht habe. In Ihrer Frage kommt wohl ein bißchen die Vorstellung von Vater-Sohn-Verhältnissen hinein, die mir manche Leute gern angedichtet haben. Leber und der junge Brandt, Ernst Reuter und der nicht mehr ganz so junge Brandt. Ich habe das eigentlich nie so gesehen. Sicher gibt es Beeinflussungen. Aber ich habe mich in diesem Sinn nie als junger

Mann von irgend jemandem verstanden. Dazu war ich vielleicht ein bißchen zu eigen.

Der skandinavischen Sozialdemokratie scheinen Sie immer etwas näher gewesen zu sein als etwa der spanischen.

Ja. Aber so groß, wie viele glauben, ist ja auch der Abstand zwischen einem Lübecker und einem Skandinavier nicht; jedenfalls nicht bei jemandem, der schon als Schüler in Dänemark und Norwegen und Schweden gewesen war; der die Sprachen schon ganz gut kannte.

Ist Ihre kulturelle Affiinität zu Skandinavien eine der Ursachen für Ihre spürbare, wenn auch respektvolle Distanz zum Spanischen Bürgerkrieg?

Nein, das hat andere Gründe. Die skandinavische Schiene ist nicht die Folge irgendeiner zufälligen Affinität, sie ist ein Teil meines Lebens. Noch in den Jahren vor dem Zweiten Weltkrieg habe ich aber ein ziemlich enges Verhältnis auch zu Frankreich bekommen. Manche halten mich für einen eher angelsächsisch orientierten Menschen, was durch die Sprache - ich spreche bekanntlich ein brauchbares Englisch - belegt zu sein scheint. Aber ich habe Frankreich viel intensiver kennengelernt als England. Ich bin in der ganzen Zeit zwischen den beiden Kriegen nur einmal in England gewesen, aber jedes Jahr in Frankreich, manchmal sogar zweimal. Ich habe nicht nur miterlebt, was Volksfront heißt, sondern auch französische Literatur, weit mehr als auf der Schule üblich, in mich aufgenommen. Die lateinische Komponente bei mir ist häufig verkannt worden.

Was mich am Spanischen Bürgerkrieg so entsetzte, ist, glaube ich, nicht am Land festzumachen. Hätte ich woanders so Grauenvolles gesehen, einen Krieg innerhalb des Krieges, einen Bürgerkrieg im Bürgerkrieg, dann hätte ich auch dort meine kritischen Anmerkungen gemacht.

Die Horrorgeschichten sind stärker in meiner Erinnerung als das, was mich damals in erster Linie bewegte. Damals, als ich nach Spanien ging, um zu berichten und vielleicht ein bißchen zu helfen, dominierte das Empfinden, daß dieser Kampf von großer Bedeutung für die europäische Demokratie sei; das hat sich als richtig erwiesen. Aber es gab diese schrecklichen Exzesse.

Der Krieg in Spanien war ein Vorspiel, ein Exerzierfeld für den Zweiten Weltkrieg. Hätten die Franzosen und vor allem die, die damals in England an der Regierung waren, die spanischen Demokraten nicht hängen lassen, dann wäre das die Chance gewesen, dem Faschismus zu zeigen: bis hierher und nicht weiter. Aber es ging ja genau andersrum.

Lassen Sie mich noch einmal zurückkommen auf Ihr Deutschsein und die Art und Weise, wie Ihre politischen Gegner, der große Adenauer eingeschlossen, damit umgegangen sind.

Weil sich die Mehrheit vor der Gewissenserforschung drückte, wurde aus Ihnen der ›herrenlose Geselle‹, der ›Vaterlandsverräter‹ gemacht. Wie tief hat Sie diese Kampagne getroffen?

Die schärfsten Angriffe zielten auf mich, als ich schon Regierender Bürgermeister von Berlin war, und dann wieder, als ich in Bonn neue außenpolitische Akzente zu setzen für unerläßlich hielt. Das ist nun alles schon lange her.

Ob mir das, was es da an Mist gegeben hat, nahegegangen ist? Ja, ziemlich nahe. Ich habe mich nicht nur geärgert, sondern gegrämt. Weil ich überzeugt war, mich für Deutschland engagiert zu haben, als andere es verrieten, indem sie es zugrunde richteten.

Rückblickend muß ich sagen, daß ich mich viel zu defensiv verhalten habe. Ich hätte mich viel entschiedener wehren sollen. Ich habe mich zu oft verteidigt aus der Vorstellung heraus, ich könne nicht erwarten, daß die Leute meinen Lebensweg verstehen, der sehr abweichend von dem der meisten anderen war. Also, dachte ich, mußt du zum Beispiel nachweisen, daß du nicht auf deutsche Soldaten geschossen hast. Das habe ich in der Tat auch nicht. Aber ich hätte hinzufügen sollen, daß es gewiß nicht schandhafter gewesen wäre, gegen als für Hitler zu kämpfen.

Waren die Anfeindungen, so billig sie auch waren, nicht Ausdruck eines schlechten nationalen Gewissens? Sie störten die Ruhe der Kapitulanten.

Ich habe nie gemeint, daß ich einen typischen Lebensweg hatte. Man kann ja nicht erwarten, daß Abertausende Familienväter weggehen. Meine Situation als Junge von 19 Jahren war anders als die eines Mannes, der seine Familie hatte, die er nicht im Stich lassen konnte.

Und man muß auch gelten lassen, daß einige bewußt nicht weggehen wollten, weil sie ein Stück Mitverantwortung an der Machtergreifung fühlten und nun auch die

Konsequenzen tragen wollten. Ich sehe die Tragik derer, die zu retten versuchten, was nicht zu retten war. Und auch derer, die nicht zu Lasten anderer mutig sein mochten. Das hat man zum Teil allerdings überidealisiert. Denn manche haben nur nicht mehr den Zeitpunkt gefunden, zu dem sie noch hätten weggehen können, statt sich zu Hause zugrunde richten zu lassen.

Sicher haben die Leute, die die Haßkampagne gegen mich planten und durchführen ließen, überwiegend an Ungutes im Bewußtsein des eigenen Volkes appelliert. Aber letzten Endes sind sie damit nicht durchgekommen. Und das hat auch etwas für sich.

Hat sich die frühe Erfahrung des aktiven Widerstandes in Ihrer langen politischen Karriere später ausgezahlt, zum Beispiel als psychische Stärke? Wurden Sie geduldiger, härter oder noch beharrlicher?

Sicher nicht in der Weise, daß ich im engeren Sinne Nutzanwendungen daraus ableiten könnte. Denn ich will nicht glauben, daß es noch einmal vergleichbare Situationen geben könnte.

Womit unsereins damals zu tun hatte, das war ja wirklich: Feind im eigenen Land zu sein und als solcher gesehen zu werden; nicht nur von den Herrschenden, sondern von vielen Leuten, die ihnen folgten. Also Feind im eigenen Lande anders als im Liebknechtschen Sinne, der im Ersten Weltkrieg gesagt hat, der Feind, nämlich die Kriegstreiber und Kriegsverlängerer, stehe im eigenen Land.

Wenn ich nur an meine Berliner Zeit 1936 denke, als ich dort vorübergehend im Untergrund lebte: Wie ein Fisch im Wasser konnte ich mich da nicht empfinden. Man fühlte sich isoliert und mußte verdammt aufpassen. Da war es dann für mich ein großer Kontrast, als ich während der Besatzung einmal illegal nach Norwegen zurückkehrte. Dort konnte ich, obwohl die Gestapo im Lande war, viel leichter durchkommen als in Deutschland. Da, wo Widerstand im Bewußtsein der Menschen eine nationale und freiheitliche Aufgabe ist, kann man sich eingebettet fühlen.

In Deutschland war es gelungen, einem großen Teil des Volkes einzureden, alles, was die Machthaber taten, sei im nationalen Interesse. Widerstand leisten hieß den schwereren Weg gehen, den Weg des gefahrvollen Gegen-den-Stachel-Löckens. Das war eine gute Erfahrung für mein weiteres politisches Leben.

Die Bundesrepublik ist mit dem Satz geboren: Wir haben von allem nichts gewußt. Das ist kein glorreicher Satz für den Neubeginn einer großen europäischen Nation. Haben wir den Nationalsozialismus nicht ebenso sang- und klanglos abgestreift wie vorher die Weimarer Republik?

Bei nicht wenigen blieb er ja noch eine ganze Weile in den Köpfen und in den Knochen. Aber geklungen hat es nach 1945 nie wieder, höchstens hohl. So herum hat es sich gar nicht so schlecht entwickelt: sicher nicht glorreich, aber doch ohne massive Rückfälle.

Bei allem Verständnis für die Erschöpfung nach der »Angst der Bombennächte, dem Schmerz über die vollständige Niederlage des eigenen Vaterlandes und der Verbitterung über die zerrissenen Illusionen«, wie Bundespräsident Richard von Weizsäcker in seiner Rede zum vierzigsten Jah-

restag des Kriegsendes sagte – glauben Sie nicht, daß die Löcher im politischen Bewußtsein nicht mehr zu stopfen sein werden, weil man nicht rechtzeitig damit begann?

Mag sein, aber wie hätte man wohl im großen Stil aus Nicht-Demokraten Demokraten, aus Faschisten Antifaschisten machen sollen, machen können? Manches geht nicht, manche Sachen müssen sich einfach auswachsen.

Schaudert es Sie nicht, wenn Deutsche zu Reagans umstrittenem Besuch auf dem Bitburger Soldatenfriedhof Kommentare abgeben wie: »Amerikaner und Deutsche haben gut zusammengearbeitet, bis die Juden anfingen, Unruhe zu stiften« oder »Sollen die Juden doch woanders hingehen, wenn es ihnen hier nicht paßt; wir wären besser dran ohne sie«?

Ich sage ja, manche lernen es nie, weil sie die Wahrheit nicht wirklich wissen wollen. Daran ist mit der besten Pädagogik und mit den geharnischtsten Moralpredigten nichts zu ändern. Man muß nur darauf achten, daß die nie wieder etwas zu melden haben.

Es ist auffällig, daß gerade in Deutschland die Rechtskonservativen in Gesellschaft, Politik und Wirtschaft so organisch nachwachsen. Das muß doch etwas damit zu tun haben, daß in den Köpfen vieles nicht klar ist, daß man Probleme mit der Demokratie hat, ja schon mit der Definition von Demokratie.

Sie können auch die umgekehrte Rechnung aufmachen: Ich habe, als der Krieg zu Ende ging, nicht gedacht, daß es eine so relativ gedeihliche deutsche Nachkriegszeit geben würde. Ich nahm an, es werde manifestere Formen von Nazismus auch in der Nachkriegszeit geben.

Ich frage mich wirklich, was macht man in einer Situation, wie man sie 1945 vorfand?

Ich will nicht ausweichen, wenn ich einen Vergleichsfall aus einem Nachbarland heranziehe. Ich weiß, das ist problematisch. General de Gaulle erklärte, als er zurückkehrte, wenn er die Franzosen zähle, die gegen Pétain gewesen seien, dann seien das mehr Leute, als das Vaterland Bürger habe. Auch in anderen Ländern hat man da erhebliche Schwankungen gehabt.

Frankreich hat nicht eine solche Schuld auf sich geladen wie Deutschland.

Sicherlich! Aber Sie können nicht alles zur gleichen Zeit machen. Wir haben uns für den Neuanfang entschieden, nicht fürs Grübeln.

Ich wundere mich über Ihre väterliche Toleranz.

Erstens: Das hängt natürlich ein bißchen mit der Funktion zusammen. Wenn ich meine Rolle zum Beispiel als schreibender Mensch gefunden hätte, würde ich vermutlich manches anders formuliert haben, auch heute manches anders formulieren als einer, der Politik macht und immer wieder versuchen muß, möglichst viele Menschen zu gewinnen, statt ihnen bloß Lehren und Erfahrungen vorzutragen.

Zweitens: Ich glaube wirklich, daß – verglichen mit den beiden Phasen Kaiserreich und Weimarer Republik – etwas passiert ist, was der Demokratie weiterhin eine Chance gibt in diesem Land.

Außerdem: Was hat denn der Metallarbeiter in Dortmund oder der Techniker in Berlin als eigene Schuld da auf sich genommen? Es ist in erster Linie die Schuld der herrschenden Gruppen gewesen.

Hitler und die Nationalsozialisten sind durch freie Wahlen an die Macht gekommen.

Das stimmt nicht ganz. Denn solange in Deutschland noch gewählt werden konnte, haben die Nazis nie die Mehrheit der Stimmen bekommen. Selbst bei den Wahlen im März 1933, die schon im Zeichen des beginnenden Terrors standen, hat Hitler sie nur zusammen mit den Deutschnationalen, also den Ultrakonservativen, bekommen. Das reichte leider.

Ich gebe zu, daß das Autoritäre, das nach oben Eingebundene in der deutschen, in der preußisch-deutschen Entwicklung eine besondere Rolle spielt. Aber ich füge hinzu: Der Metaller in Dortmund, der Techniker in Berlin, die waren für Hitler nicht mehr verantwortlich als diejenigen ausländischen Regierungen, die nichts getan haben, um diese Entwicklung verhindern zu helfen. Sie hätten Hitler im eigenen Interesse Paroli bieten können, nachdem die Deutschen das Notwendige versäumt hatten.

Ist die deutsche Bereitschaft zur Idealisierung von Autorität nicht das eigentliche Verhängnis?

Ich halte die Fragestellung für falsch. Außerdem sollte man von mir wissen, daß ich in nationalen Fragen kritisch, doch kein Masochist bin.

Zurück zur ersten Nachkriegszeit. Da gab es, abgesehen von einigen bemerkenswerten Ansätzen, die freilich nicht lange vorhielten, keinen Versuch, die Vergangenheit zu verarbeiten. Und bald saßen alte Nazis wieder da, wo sie vor dem Zusammenbruch gesessen hatten. In Adenauers CDU gab es einige besonders bemerkenswerte Karrieren, etwa die des Staatssekretärs Globke, der im Dritten Reich die Nürnberger Rassengesetze kommentiert hatte.

Bei allem, was man mit Adenauer an Konflikten auszutragen hatte, mit den Nazis hatte er wirklich nichts am Hut. Auch die christlich-demokratischen Gruppen, die nach dem Krieg entstanden und dann zur Partei heranwuchsen, versuchten, sich von der Nazizeit eindeutig abzugrenzen. Hinterher ging da ab und zu einmal etwas schief. Ich glaube, die Erklärung ist, daß die Deutschen materiell wirklich ausgeblutet waren, und nicht nur materiell. Sie waren von miteinander konkurrierenden Mächten besetzt. Deutschland hatte keine Chance, ein Stück Selbstbefreiung zu erleben. Auch das Gefühl, nicht bloß am Ende eines Krieges, sondern buchstäblich am Grab der nationalen Existenz gestanden zu haben und nur gerade noch so davongekommen zu sein, war weit verbreitet.

Man muß wohl doch einiges mit eigenen Augen gesehen haben, um zu verstehen, was damals in Deutschland los war.

In manchen Teilen wären viele Leute, so sehr sie vorher auf dem hohen Roß gesessen hatten, bereit gewesen, den

Paß eines jeden anderen Landes anzunehmen, in der Hoffnung, dadurch ein bißchen besser davonzukommen. Und das war der stimmungsmäßige Hintergrund.

Die Kirche hat damals eine größere Versöhnungsrolle gespielt, als ihr manche zugetraut hatten. Gemeint sind die beiden großen Kirchen, die protestantische und die römisch-katholische. Versöhnung und Vergebung, das gehörte zur Stimmung der Stunde Null.

Lassen Sie es mich noch einmal sagen: Man kann nicht ein total zerstörtes Land materiell wieder aufbauen, ein halbwegs geordnetes Staatswesen entstehen lassen in der Hoffnung, daß sich daraus etwas wie eine soziale Demokratie und ein Partner der anderen Völker entwickle, und gleichzeitig dieses Volk in seiner Schuld und Mitverantwortung eingraben.

Sie müssen, wenn Sie das erste wollen, versuchen, so viele Leute wie irgend möglich, einschließlich nicht gerade Unbefleckter, einschließlich vieler der Ängstlichen und Mutlosen, einzubeziehen, zu gewinnen, ihnen die Chance zu geben, neu anzufangen.

Wenn damit nicht eine geistige Auseinandersetzung einhergeht, kann das doch gar nicht funktionieren.

Die regierenden Kommunisten in der Ostzone haben das übrigens nicht anders gemacht. Die haben in ihrem Teil Deutschlands in erheblichem Maße Leute einbezogen, die vorher etwas anderes gewesen waren oder gemacht hatten. Es genügte, wenn die sich – sogar ein bißchen übertrieben einseitig – für das, was nun kam, klar erklärt hatten.

Es bleibt dennoch zu sagen, daß ein deutlicher Bruch mit der Vergangenheit Deutschland gut bekommen wäre.

Dazu waren aber entweder die objektiven Bedingungen nicht da, oder man hat es nicht wichtig genug genommen.

Und was hat die SPD mit ehemaligen Nazis gemacht, die in die Partei wollten?

Wir waren für eine Jugendamnestie, und das war richtig. Sonst haben wir Leute nicht aufgenommen, wenn sie aus der Nazizeit Dreck am Stecken hatten. Aber gewiß hat es Fälle gegeben, wo Leute guten Gewissens Sozialdemokraten wurden, nachdem sie vorher ganz woanders gewesen waren.

In Rheinland-Pfalz gibt es eine kleine Stadt, die heißt Kirn. Mein Freund Wilhelm Dröscher, ein prima Kerl, lebte dort. Vor Kriegsende waren die Kirner ziemlich vollständig, jedenfalls äußerlich, Nazis gewesen, mit dem Dröscher. Der war zwar nicht in der Partei, aber er war Träger des EK I und des deutschen Kreuzes in Gold. Mit anderen Worten, er war ein guter Soldat.

Nach Kriegsende waren die Leute von Kirn in der KPD, wieder mit dem Wilhelm Dröscher. Und nach einiger Zeit schwenkten sie über zur SPD, und da sind sie mehrheitlich noch heute.

Ich kam dort einmal Ende der fünfziger Jahre oder Anfang der sechziger Jahre hin, gerade als der frühere Bürgermeister aus der NS-Zeit aus russischer Gefangenschaft zurückkam. Es muß Ende der fünfziger Jahre gewesen sein. Der war in Rußland lange festgehalten worden, wurde relativ bald in die SPD aufgenommen und wurde auch wieder Bürgermeister. Solche Beispiele gab es natürlich auch bei uns, vor allem auf lokaler Ebene.

Solche Beispiele hat es in erheblichem Maße in Italien nach dem Ende des Faschismus gegeben. In der heute rot, das heißt seit Kriegsende kommunistisch regierten Emilia Romagna beispielsweise gibt es eine ganze Reihe von Gemeinden, in denen ehemalige Faschisten seit der ersten Wahl nach Kriegsende bis zum heutigen Tag nur kommunistisch wählen. Warum sind die Deutschen nicht ebenso massiv in oder für die SPD oder für eine andere linke Partei eingetreten?

Die SPD ist ja weiß Gott keine Sekte geblieben. Wenn der Krieg nicht mit der Teilung und der sowjetischen Herrschaft im östlichen Teil geendet hätte, wäre wahrscheinlich die Kommunistische Partei auch in Deutschland eine ansehnliche Größe geworden. Nicht so stark wie in Italien, gewiß schwächer als die Sozialdemokraten.

Auf welcher Seite hätten Sie gestanden?

Ich wäre auch dann auf der Seite derer gewesen, die versucht hätten, die Sozialdemokratie stark zu machen.

Aber die KPD wäre auch eine stattliche Partei gewesen. Weil sie sich jedoch mit der sowjetischen Besatzungsmacht in dem anderen Teil Deutschlands und mit deren Art der Machtausübung identifizierte, verlor sie in unserem Teil Deutschlands jede ernsthafte Chance. Das ist der große Unterschied zu Italien.

Es blieb immer noch die SED.

Das hängt auch wieder mit der Teilung Deutschlands zusammen. Die Einheitspartei in der Ostzone ist unter

Druck zustande gekommen. Wir kennen doch Sozialdemokraten, die schon bei den Nazis gesessen hatten und 1946/47 in der Ostzone wieder eingesperrt wurden, weil sie die Zwangsvereinigung von SPD und KPD zur SED nicht mitmachen wollten. Und doch hat die SPD dafür einen Preis mit bezahlen müssen, so antikommunistisch sie auch war. Ihr Name hat ihr nicht geholfen und auch nicht, daß sie sagte, die andere sei keine sozialistische Partei.

Die Gegner in den westlichen Besatzungszonen, dann in der Bundesrepublik haben dies weidlich ausgenutzt. Zum Beispiel Adenauer mit seiner Parole: »Alle Wege des Marxismus führen nach Moskau.« In Wirklichkeit, wollte er sagen, sind das nur ein bißchen verfeindete Brüder. Im Ausgangspunkt war das ja sogar einmal richtig gewesen. Die SPD hat es jedenfalls in der ersten Runde noch schwerer gehabt, als sie es sonst vielleicht gehabt hätte. Ihr wurde mit angekreidet, was den Leuten an der SED und der Okkupation im Osten nicht paßte.

Ging die Partei deshalb immer mehr auf gemäßigten Kurs, oder krankte sie noch immer an ihrer Mittelmäßigkeit, die schon Rosa Luxemburg beklagt hatte?

Das wird wohl noch einige Zeit ein Streitpunkt bleiben, ob für die SPD mit einer noch entschiedeneren Politik nach 1945 mehr drin gewesen wäre. Hier und da sicher, aber im großen hatten wir, glaube ich, eigentlich keine Chance zu verpassen.

Hat die SPD wenigstens den Versuch gemacht, eine wache Auseinandersetzung mit der Vergangenheit zu führen?

Meinen Sie wirklich, damit hätte man einfacher die Mehrheit errungen? Rückschauend läßt sich leicht sagen – und ich sage es ohne Scheu –, daß die SPD es bei weitem nicht genug gemacht hat. Viele Jahre haben wir zum Beispiel vergehen lassen, ohne daß wir ein anständiges Weißbuch der sozialdemokratischen Opfer aufgestellt haben. Heute ist das gar nicht mehr möglich. Wir haben uns mit zu vielen anderen Dingen zu befassen gehabt. Dieses wichtige Aufarbeiten – Wo sind welche Leute umgekommen? Wo sind sie eingesessen? – haben wir weitgehend beiseite geschoben. Unsere Leute waren jetzt Bürgermeister und Landräte, sie haben kaputte Betriebe und Verkehrssysteme wieder in Gang gebracht und keine Zeit für die Aufarbeitung des Vergangenen gehabt.

Wir waren absorbiert durch praktische Geschichten, wir waren auch fixiert auf die Möglichkeit, die Regierung zu übernehmen. Dann würden wir die Weichen schon richtig stellen, so dachten wir. Aber dann kam es anders. Wir hatten Pech, bekamen die Regierung nicht.

Ich glaube nicht, daß die SPD sich falsch zum Nationalsozialismus geäußert hat, aber sicherlich hätte sie es noch gründlicher machen können.

Aber ist nicht deshalb Hitler heute immer noch der, der die nützlichen Autobahnen gebaut, das Arbeitslosenproblem gelöst hat und zumindest zwei Generationen für den Aufbruch, für die Ideologie des Großreichs begeistern konnte?

Ich weiß nicht, ob Sie nicht zuviel verlangen. Es gibt anhaltend üble rechtskonservative Strukturen, und der Antisemitismus ist nicht ganz weg. Aber wo sind diese üblen

Dinge ganz weg, wenn ich mich in Ost und West umschaue?

In diesem Land müßte das ganz weg sein. Wo sonst, wenn nicht hier? Weshalb gibt es so viele Deutsche, die nicht einmal definieren können, was Faschismus ist, welche Strukturen er hat; die nicht erkennen wollen, daß es ein faschistoides Benehmen gibt und daß ein faschistisches Regime wiederkehren kann?

An dem, was Sie meinen, ist ein richtiger Kern. Trotzdem wird man sagen dürfen, eine ganz große Mehrheit der Deutschen heute weiß, daß die Hitler-Zeit eine üble Zwangsherrschaft war und daß sie das nicht wiederhaben wollen.

Und daß man Menschen so behandelt, wie es gang und gäbe war zur Nazizeit, das wollen sie auch nicht. Insofern ist da heute auch zwischen dem größten Teil der Konservativen und dem größten Teil der Linken ein anderes Verhältnis als im Kaiserreich und noch in der Weimarer Republik. Dort gab es einen Graben.

Heute gibt es keinen solchen Graben mehr, wohl gelegentliche Auswüchse, aber mit denen muß eine Demokratie fertigwerden. Alles in allem, meine ich, haben wir den Minimalkonsens, den man in einem demokratischen Staat braucht. Das gab's in Weimar nicht, im Kaiserreich erst recht nicht. Aber das gibt es heute. Ob das stark genug ist, um alle Fährnisse zu bestehen, weiß ich nicht; ich hoffe es aber.

Aber sind nicht der Ausländerhaß, der immer wieder aufflackernde Antisemitismus, die Bereitschaft zu wirtschaft-

licher und politischer Unterstützung von Diktaturen, die hysterische Begeisterung für law and order *deutliche Symptome faschistoiden Verhaltens?*

Das ist mir so zu allgemein. Doch ich muß zugeben, daß immer wieder Tendenzen sichtbar werden, die einen zur Wachsamkeit veranlassen und verpflichten.

In den fünfziger Jahren habe ich eine Sache erlebt, die etwas aussagt über die Veränderung der Rechten im Vergleich zu den Weimarer Jahren.

Es gab da einen großen Protestzug in Göttingen, weil in Niedersachsen ein Rechtsaußen Kultusminister geworden war. Professoren und Studenten marschierten, und mittendrin lief einer alleine mit einem Schild, auf dem stand geschrieben: »Als Korporierter stehe ich rechts, aber dies geht zu weit.« Das ist eine signifikante Geschichte. In Weimar gab es eben nicht diesen Punkt, wo etwas zu weit ging. Der Übergang vom Konservativen zum Ultranationalen, zum Nationalistisch-Faschistischen war fließend.

Der Vorteil dieser neuen deutschen Republik, bei allen Schwächen, ist, daß eben doch der große Teil des konservativen Lagers im demokratischen Spektrum steht, den Abstand deutlich gemacht hat.

In diesen Tagen hat sich vor dem Deutschen Bundestag ein christsozialer Abgeordneter aus Bayern in aller Form entschuldigt, weil er eine Bemerkung gemacht hatte, die nur als antisemitisch verstanden werden konnte. Im alten Deutschen Reichstag saß eine Fraktion der Antisemiten; das waren die nicht nur, die nannten sich im kaiserlichen Reichstag regelrecht ›Fraktion der Antisemiten‹. Und im Deutschen Reichstag der Weimarer Republik saßen die auch. Da nannten sie sich ›deutsch-völkisch‹. Aber auch bei den Deutschnationalen wurde aus solchen Entgleisungen kaum einmal etwas gemacht. Daß ein Abgeordneter, der außerhalb des Parlaments Bemerkungen macht, die nur als antisemitisch aufgefaßt werden können, sich dafür entschuldigen muß, das unterscheidet uns neben anderem von dem, was früher war.

Dieser Abgeordnete, ein Sprecher der CSU-Landesgruppe in Bonn, hat anläßlich einer Diskussion über Entschädigungszahlungen an jüdische Zwangsarbeiter gesagt, dafür gebe es »weder eine rechtliche noch eine moralische Grundlage«, und es werde der Eindruck erweckt, »daß die Juden sich schnell zu Wort melden, wenn irgendwo in deutschen Kassen Geld klimpere.«

Der Herr ist 35 Jahre alt, in den blühenden Jahren des Wirtschaftswunders aufgewachsen. Kann es noch deutlicher werden, daß ein bestimmter Geist nachwächst? Und ist die Entschuldigung nicht auch wieder nur ein Feigenblatt?

Nein, eher nicht. Der Mann hat das für eine flotte Formulierung gehalten und in unverantwortlicher Weise nach einer Art von Zustimmung geschielt, die man sich als Demokrat in Wirklichkeit verbitten muß. Aber der alte, der mörderische Antisemitismus ist noch etwas anderes. Es wäre ja auch noch schöner, wenn der sich breitmachen könnte.

Hat nicht auch Helmut Kohl auf solche Zustimmung geschielt, als er sich mit Sätzen wie: Kurt Waldheim sei »ein großartiger Patriot«, der die deutsch-österreichische Ge-

schichte »nicht nur miterlebt, sondern auch miterlitten« habe, die Kritiker zeigten »die Arroganz der Spätgeborenen», die für ihn »nur schwer erträglich« sei, in den Wahlkampf um die Präsidentschaft in Österreich einmischte?

Ich muß befürchten, daß manche Äußerungen des gegenwärtigen Bundeskanzlers es nicht nur an Takt gegenüber anderen fehlen lassen, sondern auch darauf abzielen, der Regierungspartei ein paar Prozent zuzuführen, die es am rechtesten Rand gibt. Das ist verständlich, aber in Deutschland gefährlich. Im übrigen ist es verständlich, daß es in der CSU/CDU die Tendenz gibt, auf keinen Fall eine ernsthafte Parteigruppierung rechts von der Union entstehen zu lassen.

Ist das nicht ein Widerspruch bei einem Mann, der sich auf die Gnade der späten Geburt beruft?

Man kann sich als deutscher Bundeskanzler nicht unter Hinweis auf die angebliche Gnade der späteren Geburt darum herumdrücken, daß man einen Staat repräsentiert, der entsetzliche Lasten mit sich herumschleppt. Das andere, nämlich weit nach rechts auszuholen, um an der Macht zu bleiben, kann ich zur Not verstehen. Aber was zu weit geht, geht zu weit. Das gilt auf andere Weise auch für meine eigene Partei.

Heute läßt sich schwer nachvollziehen, daß es eine politische Leistung sein kann, »Opportunismus zum Staatsbewußtsein« zu erheben, wie Sie über die Adenauer-Ära gesagt haben. Begann nicht für die Nachkriegsgeneration mit diesem Opportunismus die Desintegration aus dem Status quo?

Das war komplizierter. Aber gewiß hat jener *Teil* einer Nachkriegsgeneration, der sich in der Studentenrevolte bzw. in der Außerparlamentarischen Opposition zusammenfand, seine Prägung mit dadurch erfahren, daß Väter vor der jüngeren Vergangenheit flüchteten.

Sie haben unlängst geseufzt, daß diese deutsche Gesellschaft zu ökonomisch orientiert sei. Wo ist das Volk der Dichter und Denker hingekommen? Was zählt, sind die Piepen und die sozialen Vorteile.

Na ja, das war schon mal schlimmer, zumal in der Zeit des Wiederaufbaus. Da konnte man sich wirklich fragen, ob das ein Staat wird oder eine Erwerbsgemeinschaft, die sich ein paar politische Institutionen hält.

Darüber sind wir eigentlich hinweg. Die Nähe zum Ökonomischen hängt natürlich mit dem Ende des Krieges zusammen. Die Deutschen hatten ins eigene Grab geschaut. Und nun wollten sie wieder leben, und das hieß zuerst, etwas zu essen und wieder ein Dach über dem Kopf zu haben.

Was ergab sich daraus, daß die Deutschen das Schuften, das Wiederaufbauen als eine Form der nationalen Selbstbehauptung empfunden haben?

Nach dem tiefen Fall wollte man sich behaupten. Man wollte sich und der Welt beweisen, daß man noch da war: Wenn die Brüder glaubten, sie bringen uns hier völlig um, indem sie noch zehn oder zwölf Millionen aus dem Osten dazutun, dann wollen wir mal sehen, ob wir die nicht auch zum Arbeiten bringen. Und wenn die uns hier die Fabriken wegschleppen, dann wollen wir denen einmal zeigen, daß wir das trotzdem können, und zwar mit neuen und besseren Maschinen. So dachten und fühlten viele.

Dieses Aufräumen und Arbeiten, mit dem man zeigen wollte, so schlecht sind wir nun doch nicht, irgendwas können wir auch, das ist vielfach unterschätzt worden.

Dann kam das Malheur der frühen Aufrüstung. Dabei spielte auch eine Rolle, daß andere es nicht mehr ertragen konnten, daß plötzlich die Deutschen mit beiden Armen arbeiten konnten, während ihnen selbst der eine Arm durch Militärausgaben geschwächt wurde. Da haben sie gedacht, es sei nützlich, den Deutschen auch einen Arm festzubinden.

Wollen Sie sagen, daß die Gründung der Bundeswehr den Prozeß des Vergessens und Verdrängens beschleunigt hat?

Bei uns ja, im Ausland hatte ihre Gründung eher den gegenteiligen Effekt.

Politisch interessierte junge Deutsche müssen sich fragen, was für eine Demokratie sie von ihren Vätern geerbt haben.

Sollen sie auch. Aber so scharf wird das Urteil ja nicht ausfallen können. Erstens ist es eine Demokratie und nicht eine Diktatur, was sie geerbt haben. Und dann funktioniert sie, ungeachtet der Unzulänglichkeiten, besser als die erste Republik.

Ist nicht doch ein Bruch zwischen der Hitler-Generation und deren Kindern entstanden, der die Bundesrepublik wie kein anderes europäisches Land in ihrer schon durch die Teilung strapazierten nationalen Identität zusätzlich zerreißt?

Ich glaube, daß das eine Weile tatsächlich so war, aber immer weniger so ist. Das hat überwiegend demographische Gründe. Man darf nicht vergessen, daß die Nachkriegsgeborenen mittlerweile Mütter und Väter sind.

Das heißt doch, den Deutschen ist so ihr Geschichtsbewußtsein abhanden gekommen.

Vielleicht wächst es ja wieder: nun tatsächlich als *Geschichts*bewußtsein.

In Ihrer Rede zum vierzigsten Jahrestag des 8. Mai 1945 haben Sie daran erinnert, daß es »seit der Reichsgründung einen verteufelten Mangel an Lernfähigkeit gibt«. Sie sagten: »Wer sich der Realität verweigert, vergißt die Opfer zu leicht oder gießt Hohn aus über die Toten, die nicht in die sorgfältig rekonstruierte Nationalgeschichte zu passen scheinen.« Das war 1918 so, 1933 und 1945. Birgt nicht diese Realitätsverweigerung, diese Lernunfähigkeit den Keim der Wiederholung?

Noch gefährlicher als das Nicht-Lernen sind Verhältnisse, die Falsches lehren. Das Autoritäre oder Totalitäre bedroht uns nicht in seinen alten Formen. Wenn es einmal wieder zur Gefahr werden sollte, dann werden es neue Formen sein, keine bloße Wiederholung.

Hat die Sozialdemokratische Partei, haben die Gewerkschaften kritischen Bürgersinn ausreichend stimuliert?

Ob ausreichend, wird niemand genau sagen können. Aber daß wir kritischen Bürgersinn stimuliert haben, in manchen Jahren mehr, in anderen weniger, das kann man guten Gewissens sagen.

Hat vielleicht auch die Große Koalition den Prozeß der Selbstfindung gelähmt?

Nein, das ist nicht meine Erfahrung. Es hat einige Verwirrung gegeben, doch die erwies sich als produktiv.

Aber wann und wo hat es gegenläufige Entwicklungen gegeben, die die SPD mitgetragen hätte?

Es hat immer wieder welche gegeben. Nehmen Sie nur, als jüngstes Beispiel, die Geschichtsausgrabungen, die in Hunderten von SPD-Ortsvereinen angestellt werden. Das ist ganz unspektakulär, und es wird dabei doch all das gefördert, was Ihnen am Herzen liegt: Kenntnis des Faschismus, Pflege der demokratischen, freiheitlichen Tradition et cetera.

Wo blieben die Kampf- und Streikbereitschaft der deutschen Arbeiter bis 1953/54? Weshalb gab es keine spontanen Proteste, als die Regierung Brandt per Mißtrauensvotum gestürzt werden sollte?

Zwischen 1945 und 1954 ist entschieden mehr gestreikt worden, als manche glauben. Weshalb wohl gelang es 1952 dem Deutschen Gewerkschaftsbund (DGB), die paritätische Mitbestimmung in der Montanindustrie durchzusetzen?

Ein Beispiel nur. Ja, und am Vorabend des erwähnten Mißtrauensvotums haben in Bonn 30 000 Menschen in strömendem Regen demonstriert. Die Hauptparole lautete übrigens: »Die Macht, die geht vom Volke aus.« Und das war nur der größte der spontanen Proteste. Viele Betriebe, überall in der Bundesrepublik, waren auf den Beinen.

Was hat die SPD daran gehindert, die Rekonstruktion der Linken zustande zu bringen – ein Versuch, der die studentische Jugend der späten sechziger Jahre in einen Politisierungs- und Aufklärungsprozeß ohne Beispiel verwickelte?

Die SPD ist in jenem Zeitabschnitt nicht schwächer, sie ist stärker geworden. Eine Partei von Arbeitnehmern läßt sich natürlich nicht leicht mit einer radikalen Studentenbewegung zusammenführen. Soweit die Achtundsechziger demokratische Sozialisten waren oder wurden, sind sie in ansehnlicher Zahl zur Sozialdemokratie gekommen. Ich hatte meinen Anteil daran.

War die SPD nicht etwa Initiator und Protektor des Radikalenerlasses und damit der Berufsverbote?

Nein, das war eine gemeinsame Initiative der Innenminister und Ministerpräsidenten der Länder, unabhängig von der Parteizugehörigkeit. Dieser Radikalenerlaß ist im übrigen eine typisch deutsche Geschichte. Die ist woanders nicht gut vorstellbar. Sehen Sie, auch die Franzosen lassen doch keinen in den Generalstab, der zur KP gehört, die Schweden auch nicht. Aber sie machen deswegen nicht eine Regel, die Lehrer, Postbeamte, Eisenbahner einschließt. Das ist deutsch.

Deutsch, aber in diesem Fall sozialdemokratisch. Die SPD hat sich diese Geschichte doch einfallen lassen.

Nein, das ist ein Irrtum. Was das *Mit*machen der Sozialdemokraten angeht, spielt eine Sache mit hinein, die die meisten nicht wissen. Uns wurde gesagt, wenn wir dies nicht machten, bekämen wir einen Antrag beim Bundesverfassungsgericht, die DKP als Nachfolgeorganisation der alten KPD zu verbieten. Mit einer solchen Möglichkeit mußte jedenfalls gerechnet werden. Wir meinten, wir könnten uns nicht leisten, in Westeuropa das einzige Land neben Spanien, Portugal und Griechenland zu sein, in dem es legal keine kommunistische Partei gebe. Das paßte auch nicht mit dem Bemühen zusammen, unser Verhältnis mit der Sowjetunion und den Zwischenstaaten zu normalisieren.

Sie ahnten sozusagen nichts Böses?

Ich habe mir damals, nachdem ich als Bundeskanzler den Vorschlag der Länder übernommen hatte, nicht vorgestellt, daß sich dieser Beschluß in der dann erfolgten Weise zum Beispiel auf Postbeamte oder Eisenbahner auswirken würde. Das hängt wieder mit einem gewissen Vollständigkeitswahn zusammen. Kommt hinzu der antiquierte deutsche Beamtenbegriff. Das heißt, keinen deutlichen Unterschied zu machen zwischen denen, die staatliche Hoheitsaufgaben wahrnehmen, und der großen Masse derer, die im öffentlichen Dienst beschäftigt sind.

Warum hat die SPD die Lawine Radikalenerlaß, die sie mit losgetreten hat, nicht gestoppt, als sie sah, welche Diskriminierung und welchen Verfolgungswahn sie damit erzeugt hatte?

Wir haben sie ja gestoppt; es hat, leider, nur etwas gedauert.

Wann, wo und wie?

Ich verhehle ja nicht, daß ich mich bei meiner Zustimmung zu dem, was als Radikalenerlaß zitiert wird und damals Extremistenbeschluß genannt wurde, geirrt habe. Dies habe ich auch öffentlich eingeräumt. Leider haben Verwaltungsvorgänge die Eigenheit, daß sie sich schwerer zurückdrehen lassen, als sie eingeführt werden. Doch bereits auf dem SPD-Parteitag 1973 in Hannover habe ich bekanntgemacht, daß angesichts des unbefriedigenden Ergebnisses dieser Beschluß »durch Korrekturen präzisiert« werden müsse. Hierzu hat die Bundesregierung 1974 einen Gesetzesentwurf vorgelegt, der im Parlament keine Mehrheit fand. In den Bereichen, in denen die SPD Regierungsverantwortung trug, ist daraufhin eine Liberalisierung in Gang gesetzt worden, die 1976 in der Gestalt eines geänderten Verwaltungsverfahrens zum Erfolg geführt hat.

Ernst Reuter, Berlins unvergeßlicher Bürgermeister, hat 1946 gesagt, der Wiederaufbau der Demokratie sei mehr als ein einfaches Anknüpfen an Weimar. Die einfache Wiederherstellung der Sozialdemokratischen Partei sei nicht deren Neuaufbau. Ist ein Neuaufbau gelungen?

Nur zum Teil. Was Ernst Reuter gesagt hat, war nicht weit von dem entfernt, was sich Schumacher vorgestellt hatte – obwohl die beiden sehr verschieden waren. Das lag auch an den so unterschiedlichen Erfahrungen beider während der zwölf Jahre der Naziherrschaft. Der eine war eingesperrt, der andere konnte draußen sehr viel Neues in sich aufnehmen. Aber auch Schumacher wollte eine Neubegründung der deutschen Sozialdemokratie. Er wollte mehr als eine Wiederbelebung. Das war auch mein Wunsch.

Es ist wohl nicht viel mehr geworden als eine Wiedergründung. Das hängt mit den Problemen zusammen, bei denen wir schon waren. Ich hätte fast gesagt, es war zunächst wie bei der Hausfrau, die ja auch häufig nach dem Motto handelt: Man nehme, was man hat.

Man baute auf die Kader, die man hatte, auf die Menschen, die da waren. Die in erstaunlichem Maße wieder da waren, aber zum großen Teil eben nicht überzeugt von der Notwendigkeit, umfassend *neu* anzufangen. Neu anfangen bedeutete für viele verständlicherweise, daß der Schutt weggeräumt, die Fabriken halbwegs wieder in Gang gebracht, die kommunalen Institutionen wieder aufgebaut werden sollten. Der Überschuß, wissen Sie, der geistige Überschuß, der erforderlich ist, um etwas wirklich zu erneuern, der war nicht hinreichend da. Aber woher sollte er auch kommen? Nach all dem, was die Menschen durchgemacht hatten. Und nach dem Blutzoll, den sie entrichtet hatten.

Lag es nicht auch an dem Mann, der die Partei damals führte? Kurt Schumacher, in seinem Zuschnitt eher Funktionär und von schwerer Krankheit gezeichnet. Wäre die Neugründung der deutschen Sozialdemokratie geglückt, wenn ein weltoffenerer, weitblickenderer Mann wie Ernst Reuter die Partei geführt hätte?

Schumacher war viel mehr, als Sie mit der Kennzeichnung Funktionär meinen. Es bleibt trotzdem eine interessante Frage, weshalb nur ganz wenige die Möglichkeit erwogen haben, auf Reuter zurückzukommen, als Schumacher 1952 starb. Es hat die Frage gegeben. Aber erstens war Reuter in Berlin eingespannt, und zweitens ist der, der es dann wurde, Erich Ollenhauer, in der Beurteilung stets zu schlecht weggekommen.

Erich Ollenhauer, auf dem ersten Nachkriegsparteitag 1946 zu Schumachers Stellvertreter gewählt, war Fleisch vom Fleisch derer, die die Partei führten, und derer, die sie trugen. Er war auch im Exil gewesen, aber er repräsentierte die vielen soliden Leute, die wieder da waren an all den Orten und in all den Regionen, und es kam hinzu, daß das, was den Humanisten und Weltbürger Reuter ausmachte, wofür er stand, in jener frühen Nachkriegszeit andere doch nicht hinreichend überzeugte.

Wäre das anders gewesen, wenn damals schon die Frage der Regierungsführung oder Regierungsbeteiligung akut gewesen wäre?

Dann hätte man vielleicht mehr auf Reuter geschaut. Dabei mag auch eine Rolle gespielt haben, daß der eine oder andere Reuter in dieser frühen Phase für ein bißchen zu proamerikanisch gehalten hat. Das war eine Folge der Auseinandersetzungen in und um Berlin.

Bei allem Respekt vor den Engländern und Franzosen wußten wir, daß es darauf ankam, was die Amerikaner machten. Reuter gehörte zu denen, die sehr früh in Amerika waren. Er pflegte dort überwiegend eher die linken – wie man dort sagt, liberalen – Gruppen, aber er mußte natürlich zugleich um guten Kontakt zur Regierung bemüht sein.

Auch Schumacher war übrigens schon früh drüben, über – und das ist eine bemerkenswerte Fußnote der Nachkriegsgeschichte – das American Jewish Labor Committee. Das Komitee hat der SPD nach dem Krieg sehr geholfen, so wie es vielen Flüchtlingen geholfen hatte, zumal solchen, die während des Krieges aus Frankreich herausgeholt werden mußten. Das war schon bewegend, wie sich diese jüdische Organisation – nach allem, was geschehen war – für die deutsche Demokratie engagierte. Nein, die Verhältnisse waren nicht für Reuter. Schon als er noch Kommunist war, haben sie ihm nachgesagt, er sei geistig zu unabhängig. Und mit dieser geistigen Unabhängigkeit paßte er jedenfalls in der ersten Phase nach dem Krieg dann auch nicht rein in die Spitze der Partei, zu der er im übrigen richtig gehörte.

Reuter hatte gewarnt, die Macht des Apparats dürfte niemals über die geistigen und moralischen Ambitionen des einzelnen gestellt werden.

Wenn wir Ernst Reuter heute bei uns hätten, würde er sagen, man kann nur Annäherungswerte erzielen. Und ich füge hinzu, es wäre zu wünschen gewesen, daß man bessere Annäherungswerte erzielt hätte. Aber ganz ohne Erfolg sind wir bei unserem Bemühen nicht geblieben.

Was von Reuter an Impulsen ausging, ist nicht mit seinem Tod untergegangen, sondern von einigen von uns, jedenfalls in Teilen, weitergetragen worden. Dazu gehört übrigens auch die Erkenntnis, daß es nicht jedermanns Sache ist, einer Partei anzugehören. Warum sollte er? Man soll jedermann ermuntern einzutreten dann, wenn er will. Doch für mich ist Partei immer mehr als Organisation. Die Organisation ist natürlich unendlich wichtig, und ein Vorsitzender hat das zu wissen, aber für mich gab es immer auch eine wichtige Kategorie von parteilosen Sozialdemokraten oder der Sozialdemokratie Nahestehenden.

Auch Reuter war dieser Meinung.

Er sagte: Warum muß ein Schriftsteller sich einer Partei anschließen, warum muß ein Hochschulprofessor sich in einer Partei organisieren? Manche solche Leute möchten nicht zur Partei als Organisation gehören, wohl aber zur Partei als einer geistig-politischen Bewegung. Annäherungswerte haben wir erzielt. Sie hätten besser sein können.

Neu gewinnen kann man sie nur, wenn man eine ›geistig-politische Bewegung‹ ist oder zumindest der Partei solche Impulse gibt.

Schauen Sie mal rein in das neue Buch von Horst Eberhard Richter ›Die Chance des Gewissens‹. Da gibt's ein Kapitel zu diesem Thema, das sich auch auf mich bezieht, mein Verhältnis zu Personen aus dem geistigen Leben. Richter sagt etwas über sich und andere aus dem geistigen Leben und über deren problematische Nähe zur Sozialdemokratie: gesucht, gefunden, zwischendurch wieder halb verloren, dann wieder, zur Zeit, sehr viel näher. Wir sind jetzt in einer Phase, wo ziemlich viele Linke, linker als die SPD, schreibende, denkende Leute sich wieder um die Sozialdemokratie kümmern und ihr helfen möchten. Sie sagen sich, und sie sagen uns, es hängt schrecklich viel auch für uns davon ab, was aus Euch wird. Ich sehe voraus, daß wir in diesem Jahr vor der Bundestagswahl wieder die Unterstützung von vielen, zwischendurch etwas enttäuschten oder vergrämten Freunden aus dem geistigen Leben haben werden. Und wo hat es, wenn wir an die zurückliegenden Jahre denken, das gegeben, daß die beiden bedeutendsten Nachkriegsschriftsteller sich so engagierten, wie es Grass und Böll in Deutschland getan haben?

Nein, sehen Sie, als ich Außenminister war und dann Kanzler wurde, gehörte es zu meinem fast wöchentlichen Leben, mit einem Kreis zu diskutieren, zu dem diese beiden, ein paar hochrangige Wissenschaftler, auch Pädagogen, gehörten. Das hat für beide Seiten einiges gebracht.

Das ist lange her. Und es lief lange Jahre vorwiegend zwischen einer Person, Ihnen nämlich, und ein paar Wissenschaftlern und Intellektuellen ab. Wäre diese begrenzte Erfahrung von stabiler Dauer gewesen und hätte ein verändertes geistiges Klima geschaffen, wäre Heinrich Böll bei seinem Dauereinsatz für Gesinnungsfreiheit in der Bundesrepublik nicht so allein gewesen, als Springer-Presse und Polizei ihn hetzten.

Er hat sich, wie ich weiß, doch nicht alleingelassen gefühlt.

Das scheint Böll nicht gewußt zu haben. Alfred Andersch schrieb 1977: »Ich sprach ein paarmal mit ihm (Böll) während seines Aufenthaltes in der Schweiz im vergangenen Sommer. Er klagte darüber, daß er in Köln nirgendwohin mehr gehen könne. Ich dachte, er spräche von seiner Berühmtheit, von den Nachteilen seiner Prominenz. Aber er sagte, er würde auf der Straße angepöbelt. Das war lange vor der Schleyer-Entführung. Ich glaube, jetzt schwebt er in Lebensgefahr. Er fuhr ungern nach Köln zurück. Etwas später erzählte er mir, daß er nun die fünfte Hausdurchsuchung hinter sich habe. Zuletzt habe man ein altes Arbeitszimmer von ihm durchsucht, um Schleyer zu finden.«

Aus dem von Alfred Andersch berichteten Gespräch ergibt sich nicht, daß sich Heinrich Böll von der SPD alleingelassen gefühlt hätte. Bei uns hatte er Sympathie und Freundschaft, was ja auch vielfältig zum Ausdruck gebracht worden ist.

Haben Sie Ihre Partei nach der mutigen Kurskorrektur durch den außerordentlichen Parteitag in Köln im November 1983, als die SPD gegen den Nachrüstungsbeschluß und damit auch gegen Helmut Schmidts Politik in dieser Frage stimmte, nicht selbst wieder gebremst, beispielsweise indem Sie Johannes Rau zum Kanzlerkandidaten küren ließen?

Johannes Rau war im November 1983 unter denen, die den Nachrüstungsbeschluß in Köln beerdigten; und er wird derjenige sein, der 1987 als Bundeskanzler das Zeug wegverhandelt, oder es wird eben nicht weggeschafft werden, wenn die Rechte dranbleibt. Nein, ich habe nicht vor zu bremsen.

Woher kommt, auch bei Ihnen, dieser Drang zur Mitte? Hat der etwas zu tun mit der geradezu archaischen Angst der Deutschen vor jeder Änderung?

Nein, das hat vielmehr mit der Einsicht zu tun, daß eine weniger radikale Änderung zum Besseren mehr wert ist als eine radikale, der die Konterrevolution auf dem Fuß folgt. Wer's mit der Demokratie ernst meint, kann nicht schneller gehen, als die Mehrheit es friedlich hinnimmt.

»Das Niveau des Wohlfahrtsstaates, das wir erreicht haben«, sagt Helmut Kohl, »hat uns und andere beeindruckt. Jetzt entdecken wir plötzlich, daß dahinter Unsicherheit, Angst und das Gefühl der Sinnlosigkeit gewachsen sind.«

Ich stimme dem nicht zu. Warum das Niveau des Wohlfahrtsstaates als Negativ-Hintergrund nehmen? Warum nicht die Protzereien der Schickeria, das Wir-sind-wieder-wer-Getue und und und? Hier wird auf subtile Art versucht, den Wohlfahrtsstaat für Ängste verantwortlich zu machen, die in Wahrheit auf die Gefährdung der natürlichen und gesellschaftlichen Lebensgrundlagen durch Rüstung, Umweltzerstörung, Massenarbeitslosigkeit zurückgehen.

Das Ausmaß des Sozialstaates verdankt die Republik zu weiten Teilen Ihrer Partei. Haben Sie, bei der Verteilung dieses Segens, nie die negativen Folgen bedacht, die das haben könnte?

Daß auch Sozialgesetze aufgrund von Erfahrungen überholt werden müssen, ist eine Selbstverständlichkeit. Aber ich halte es für abwegig, den Sozialstaat mit einem Negativ-Image zu versehen.

Mir scheint, auf dem Gebiet der Basisdemokratie hat die SPD das Feld kampflos den Grünen überlassen.

Das hat sie nicht. Bei den großen Friedensdemonstrationen 1981–1983 zum Beispiel waren immer sehr viel mehr Sozialdemokraten dabei als Mitglieder der Partei der Grünen. Richtig ist, daß die sogenannten neuen sozialen Bewegungen, darunter individuell Sozialdemokraten, Grüne, engagierte Christen und was weiß ich, den Parteien den Marsch geblasen haben. Wir haben gelernt.

Das Feld den Grünen überlassen mußte die SPD zum Beispiel im Flick-Ausschuß. Der Mann dort war Otto Schily.

Es haben auch noch ein paar andere etwas rausgefunden. Aber deshalb nichts gegen Otto Schily.

Hatte Otto Schily nicht recht, als er in seiner Abschiedsrede vor dem Deutschen Bundestag von »einem deformierten, degenerierten, maroden Rechtsgefühl in der Bundesrepublik« sprach?

Ich mache mir dieses Urteil ausdrücklich nicht zu eigen, weil ich mir die Maßstäbe nicht zu eigen mache, auf denen es beruht. Es ist einige Überhebung dabei.

Es mag Überhebung drinstecken, das muß aber den wahren Kern nicht falsch machen. Belegt nicht der Fall Flick das verschobene Rechtsbewußtsein aller Parteien, gleich welcher Tradition? Und muß ein solcher Vorwurf die SPD mit ihrer antifaschistischen Tradition nicht mehr schmerzen als bürgerliche Parteien?

Das ist sehr von oben herab oder aus der Ferne gefragt. Ich bin mir keiner Schuld bewußt. Die SPD hat sich von niemandem aushalten lassen. Wo ohne Wissen der politischen Führung Spenden angenommen wurden, auf die besser verzichtet worden wäre, ist dies längst in Ordnung gebracht worden.

Verschobenes Rechtsempfinden ist nur ein Teil dessen, was ich als Mangel an politischer Kultur in der Bundesrepublik sehe. Es fehlen Maßstäbe, geistige Horizonte, ein freies Verhältnis zum kulturellen Schaffen und Leben.

Eine Partei muß wissen, was sie kann, aber ebenso wissen, wozu sie nur bedingt da ist. Sie darf nicht Ansprüche erheben und Hoffnungen wecken, die sie nicht einlösen kann. Es ist nicht Aufgabe der SPD, das geistige Deutschland anzuführen, sondern ihm Freiraum zu schaffen und sich von ihm beeinflussen zu lassen.

Diese SPD in Leithammelfunktion für ein geistiges Deutschland scheint mir gewiß nicht erstrebenswert. Nur woran liegt das? Könnte nicht eine sozialistische Partei, wenn sie sich auf ihren Fundus an Idealismus und Utopie besänne, eine gewichtigere und aktivere Rolle spielen?

Nein. Davon, wie dies ohne Überhebung gehen kann, ist im Entwurf für das neue Grundsatzprogramm die Rede. Eine Partei muß im wesentlichen für Rahmenbedingungen sorgen, innerhalb derer sich geistiges Schaffen entfalten kann. Sie ist sehr gut beraten, wenn sie möglichst viel von dem, was kulturelles Leben ist, in sich aufnimmt, verarbeitet und nutzt.

Und den Begriff ›Kultur‹ möchte ich zuerst einmal in ganz kleiner Münze verstanden wissen als die Form zum Beispiel, wie wir miteinander umgehen in der Familie, im Straßenverkehr, beim Einkaufen, bei Gesprächen. Da kann eine Partei viel bewirken, ausstrahlen; das kann sie aber nicht als Größe, die gewissermaßen über dem geistigen Leben steht.

Mag sein. Aber diese Art Kultur scheint mir auf Sekundärtugenden abzustellen. Politische Kultur ist gewiß nicht die Folge kultivierten Umgangs. Das hängt in umgekehrter Reihenfolge aneinander. Aber lassen Sie mich zu einer Ihrer Thesen zu politischer Kultur zurückkommen, die besagt, erforderlich seien Radikalität und zugleich der Wille zur Mäßigung.

Ja, Mäßigung, der Wille zum Zusammenhalt ist unverzichtbar. Weil man bestimmte Dinge nur ändern kann, wenn man sie solidarisch, gemeinsam mit möglichst vielen anderen angeht. Das ist ein mühsamer Prozeß, der viel Geduld verlangt. Nur das Spannungsverhältnis zwischen dem Schaffen der gebotenen Geschlossenheit im Handeln auf der einen Seite und der Bewahrung der Fähigkeit, sich immer neu herausfordern zu lassen, auf der anderen Seite ist Grundvoraussetzung jeden demokratischen Prozesses.

Das erstere verlangt die Besinnung auf Konsens, das letztere verhindert, daß einem die Füße einschlafen vor lauter Bedenken oder sogar Nachdenken.

Gehört, gerade in der Bundesrepublik, nicht noch mehr zu politischer Kultur? Kann es die hier überhaupt geben ohne eine umfassende Gewissenserforschung – historisch, politisch, geistig, moralisch? Sie haben exemplarisch gezeigt, was das heißt: Gewissenserforschung. Aber das Land ist Ihnen nicht gefolgt.

Oh, doch; ein ganzes Stück. Ich würde allerdings nicht die Formel von der geistig-moralischen Erneuerung zur Nachahmung empfehlen. Die ist mir zu falsch besetzt.

Das muß ja nicht hindern, den Begriff richtig zu besetzen. Die Gewissenserforschung ist, scheint mir, unabdingbare Voraussetzung für eine Wende nach links.

Es ist doch beispielsweise gelungen, die Mehrheit der Wähler davon zu überzeugen, daß es richtig war, den Weg von Aussöhnung und Verständigung zu gehen. Die Wahlen im November 1972 waren insoweit ein Durchbruch. Aus mancherlei Gründen hat es aber auch Rückschläge gegeben. Moralische Erneuerung oder Gewissenserforschung klingt mir so abgeschlossen oder auch abstrakt. Die gründliche Auseinandersetzung mit der schrecklichen Vergangenheit ist nichts, was man zu einer bestimmten Zeit ein für allemal erledigt. Das ist ein fortdauernder Prozeß und gerade deshalb so wichtig. Ich habe Ihnen von meinen norwegischen Schriftstellerfreunden erzählt. Da gab es einen brillanten jungen Mann namens Nordahl

Grieg. Von ihm stammt das Bild des Jungen, der auf der Schule beim Geographieunterricht nicht richtig aufpaßte, dann Schiffsjunge wurde und nicht wußte, daß der Horizont keine Grenze ist. Erst auf dem Schiff macht er die Erfahrung, daß sich stets neue Horizonte öffnen. Dieses Bild hat der, an den ich jetzt denke, bezogen auf die Ziele fortschrittlicher Parteien und Bewegungen.

Es gibt nicht einen festen Punkt, an dem man alles hinter sich gebracht hat oder von dem aus, nach vorn gesehen, nichts mehr zu machen wäre. Es gibt immer neue Horizonte. Die Vergangenheit muß neu überprüft und, wo nötig, in Ordnung gebracht, Zukunftsaufgaben müssen angepackt werden.

Wenn von moralischer Orientierung in Deutschland die Rede ist, hat man immer noch die Leute im Blickfeld, die unter den Nazis und während des Krieges gelebt haben. Bald wird es von denen nur noch wenige geben. Den nachwachsenden Generationen darf und kann ich die deutsche Vergangenheit nicht präsentieren, als ob ich ihnen etwas aufpacken wollte, was die nun, weiß Gott, nicht individuell oder als Generation zu verantworten haben.

Das ist eine ganz wichtige Geschichte. Sicher ist richtig: Wer Deutscher sein und in Deutschland leben will, kann aus dem Strom der Geschichte seines Volkes nicht aussteigen wollen. Der muß wissen, welche Last Deutschland in den Augen der anderen und hoffentlich auch nach dem eigenen Verständnis mit sich herumschleppt. Bei den jungen Generationen muß ich daher ›nur‹ aufpassen, daß sie nicht zurückfallen in etwas, was sich nie wiederholen darf.

Ein Rückfall kann, wenn überhaupt, scheint mir, nur verhindert werden, wenn es einmal eine eindeutige Klarstel-

lung gegeben hat. Weshalb will den Deutschen nicht in den Kopf, daß eine solche Klarstellung nicht nur politische Bedeutung hat, sondern vor allem auch als Gefühl so wichtig und für eine wirkliche politische Kultur unverzichtbar ist?

Bundespräsident Richard von Weizsäcker hat dazu aus Anlaß des 8. Mai 1985 Wesentliches gesagt, ich habe es auch versucht.

Wer sind im übrigen *die* Deutschen? Doch wohl auch die deutsche Sozialdemokratie, die für 40, 45 Prozent der Deutschen steht, eine ganze Menge. Dann gibt es noch Deutsche weiter links. Beide Gruppen zusammen sind die Hälfte der Bevölkerung. Und in den Gruppierungen, die sich aufgrund des deutschen Parteiwesens CDU, CSU oder FDP nennen, sind auch viele drin, die im Sinne der geschichtlichen Bezüge und in bezug auf die demokratische Grundordnung nicht rechts sind. Deshalb kann ich sagen als einer, der die Erfahrung hinter sich hat, die ich hinter mir habe, es hätte alles viel schlimmer kommen können. Es ist jedenfalls die Grundlage da, von der aus man vernünftig weiterarbeiten kann.

Wo gibt es übrigens heute in Europa klare Voraussetzungen für eine linksorientierte politische Kultur? In den meisten europäischen Ländern gibt es, wie auch bei uns, eine Art Gleichgewicht der Kräfte zwischen Konservativen und eher Fortschrittlichen.

Im Augenblick scheint mir schon dieses Gleichgewicht in der Bundesrepublik gestört. Ich beobachte einen stark gefühlsbetonten Zug ins Konservative, die Wiederentdekkung von traditionellen, problematischen Werten, sehr stark beeinflußt durch Reagans Amerika.

Ja, aber die Qualität dieser Werte ist eine andere. Wenn ich die Bundesrepublik heute nehme, dann hat sich die Qualität der politischen Kultur, auch wenn es inzwischen etwas nach rechts gegangen ist, verändert. Das Regierungslager ist demokratisch-bürgerlich und nicht überwiegend deutsch-national. Bei Disputen zwischen, sagen wir, Jusos und jungen Christdemokraten schlägt man sich nicht mehr die Köpfe ein.

Das kann auch daran liegen, daß es zwischen diesen Gruppen gar keinen wirklichen Disput mehr gibt.

Da halte ich es mit Tierno Galvan, dem verstorbenen Madrider Oberbürgermeister. Als dem einer sagte, deine jungen Leute da, die 18- bis 20jährigen, die haben ja mit Politik nichts mehr im Sinn, die machen nur noch das, was sie für Kultur halten, antwortete er: »Ihr macht einen Fehler, wenn Ihr diese jungen Leute deswegen als schlecht anseht; gewiß, sie sind nicht politisch, aber dafür können sie doch nichts.« Und ich möchte hinzufügen: Für mich sind sie die am wenigsten aggressive Generation, die ich kennengelernt habe. Und eine solche Generation gibt es in vielen Ländern. Sie ist nicht mehr auf die gleiche Art politisch wie die Jugend der sechziger Jahre. Aber die müssen doch nicht dieselben werden wie ihre Vorgänger. Die können doch von anderer Qualität sein als frühere Generationen.

Ich plädiere gewiß nicht für Aggressionen, wohl aber für politische Auseinandersetzung und Bewegung. Und da fürchtet sich die SPD, für mich zu sehr vor dem Idealismus, den eine Partei vermitteln und verlangen muß, wenn es vorwärtsgehen, der Sieg kommen soll.

Warum kann die SPD nicht Ideale vermitteln, die es wert sind, vermittelt zu werden?

Ich habe schon auf das demnächst zur Diskussion stehende neue Grundsatzprogramm aufmerksam gemacht. Für eine Partei, die nach vorne führen will, gibt es nicht nur *einen* schmalen Weg. Natürlich muß die SPD mehr sein als ein Friedensverein oder eine Partei zur Förderung von sozialer Sicherheit, auch wenn Frieden und soziale Sicherheit zu Recht große Anliegen dieser Partei sind und bleiben. Die SPD muß darüber hinaus zeigen, was Erweiterung der Demokratie bedeuten kann. Für mich bedeutet Sozialismus im Grunde weitergeführte und vollendete Demokratie, nicht nur Politik auf Bezugsschein. Das heißt, wir müssen das Wirtschaftsleben demokratisieren, das Bildungswesen demokratisieren. Und wenn man es schafft, dies zu verbinden mit einer Erklärung der Bedingungen, unter denen die Menschen nicht nur heute leben, sondern leben werden, leben sollten, dann ist man fast schon an die Grenze dessen gelangt, was eine Partei leisten kann. Für alles andere kann sie nur Rahmenbedingungen schaffen helfen. Sie kann nicht auch noch anstelle der Propheten und Dichter da sein. Die soll sie auf sich einwirken lassen, ihnen den Raum schaffen, damit sie das leisten und sagen, was sie glauben, sagen und leisten zu können.

Ich will John F. Kennedy nehmen, um zu verdeutlichen, was ich meine. Der war letztlich ein wohl eher mittelmäßiger Politiker. Sein tragischer Tod hat ihn zum Helden gemacht, der er wohl auch nicht war. Aber Kennedy hat den Menschen etwas vermittelt, was den Rahmen seiner Partei gesprengt hat.

Den Rahmen seiner Partei zu sprengen war für Kennedy nicht schwer, weil seine Partei im Grunde keinen Rahmen hatte.

Aber trotzdem finde ich, in Ihrem Beispiel steckt etwas drin. Auch die politischen Führer Europas sollten, weit mehr als dies geschieht, deutlich machen, woran sie sich orientieren und wie sie die Phantasie der Menschen für gemeinsame Ziele mobilisieren wollen. Da ist ein erhebliches Feld zu beackern. Mit Phrasen, wie es die gegenwärtige Bundesregierung versucht, ist es nicht getan. Geistig-moralische Erneuerung und dann lauter Dinge, die dazu passen wie die Faust aufs Auge.

Man muß aber auch gelten lassen, daß es Politiker gibt, die sagen, das traue ich mir nicht zu; und die finden, es wäre eine Anmaßung, wenn sie sich auf Gebiete wagten, die mit den praktischen Dingen des Lebens nichts zu tun haben.

Ich wünschte mir allerdings, es gäbe wieder mehr Politiker, die ohne Überheblichkeit, und ohne ihren Landsleuten zuviel zuzumuten, deutlich machten, wofür es zu kämpfen lohnt. Bei John F. Kennedy und seinem Bruder Robert wird, weil sie das taten und gehört wurden, wohl mindestens bleiben, daß ihre Politik eine Revolution der Schwarzen verhindert hat, indem sie den Prozeß der Integration der Farbigen in den Vereinigten Staaten beschleunigten.

Sie werden im Gedächtnis bleiben, weil sie, abstrahiert gesagt, geistig-kulturelle Ziele setzten und Begeisterung dafür weckten.

Ich bleibe dabei, daß eine Partei überfordert ist, wenn sie auch noch als geistig-kultureller Vormund in Anspruch genommen wird. Eine Partei muß für viele Strömungen offen sein, muß Menschen Chancen, auch ein wenig Orientierung geben. Mehr aber nicht. Parteien sind Gruppierungen, die staatliche Verantwortung übernehmen und tragen wollen. Staatliche Verantwortung ist nicht identisch mit geistigem Leben. Eine die Verantwortung im Staat anstrebende Partei kann daher nicht auch für letzte Werte zuständig sein wollen.

Säßen die deutschen Sozialdemokraten jetzt in einer großen Runde beisammen und äußerten sich grundsätzlich, so würde es an geistigem Eingebettetsein der Ökonomie, des Sozialen, der Ökologie, auch des Kulturellen und vor allem der Friedenspolitik nicht fehlen. Aber man wird aus einer Partei wie der SPD nicht eine philosophische oder den Parnaß ersetzende Institution machen.

Anhang

Biographische Daten

1913	In Lübeck als Sohn der Verkäuferin Martha Frahm geboren.
ab 1929	Aktiv in der sozialistischen Jugendbewegung Lübecks tätig.
1932	Abitur am Lübecker ›Johanneum‹.
1933	Flucht vor nationalsozialistischer Verfolgung nach Norwegen. Von dort aus Fortsetzung des Widerstandes gegen den Faschismus auf internationaler Ebene. Zahlreiche Auslandsreisen, umfangreiche journalistische Tätigkeit.
1937	Während des Spanischen Bürgerkrieges als politischer Beobachter und Vertreter einer humanitären Hilfsorganisation für fünf Monate in Spanien.
1938	Verlust der deutschen Staatsangehörigkeit durch Ausbürgerung.
1940	Während der Besetzung Norwegens vorübergehend in deutscher Kriegsgefangenschaft, dabei als Deutscher unerkannt. Nach der Entlassung Flucht nach Schweden.
1942–1945	In Stockholm Zusammenarbeit mit Sozialdemokraten verschiedener europäischer Staaten, darunter Bruno Kreisky sowie Alva und Gunnar Myrdal, in einer internationalen Arbeitsgruppe (Kleine Internationale), die als Ergebnis ihrer Arbeit u. a. eine Denkschrift über *Friedensziele demokratischer Sozialisten* vorlegt.

1945–1946	Korrespondent für skandinavische Zeitungen in Deutschland.
1947	Presseattaché an der Norwegischen Militärmission in Berlin.
1948	Wiedereinbürgerung. Vertreter des SPD-Parteivorstandes in Berlin. Im folgenden Jahrzehnt zahlreiche Parteiämter in Berlin.
1949	Beginn der parlamentarischen Tätigkeit. Von 1949 bis 1957 als Berliner Abgeordneter im I. und II. Deutschen Bundestag.
1955–1957	Präsident des Berliner Abgeordnetenhauses.
1957–1966	Regierender Bürgermeister von Berlin.
1961–1965	In den Wahlkämpfen für den IV. und V. Deutschen Bundestag sozialdemokratischer Kanzlerkandidat.
1964	Nach dem Tod von Erich Ollenhauer als dessen Stellvertreter seit 1962 zum Vorsitzenden der Sozialdemokratischen Partei Deutschlands gewählt.
1966	Bundesminister des Auswärtigen und Vizekanzler in der aus SPD und CDU/CSU gebildeten Regierung der Großen Koalition.
1966–1984	Regelmäßige Wiederwahl zum Vorsitzenden der SPD.
1969	Nach den Wahlen zum VI. Deutschen Bundestag bilden SPD und FDP eine Koalition. Am 21. 10. 1969 wählt der Deutsche Bundestag mit Willy Brandt erstmals einen Sozialdemokraten zum Bundeskanzler.
1971	Willy Brandt nimmt in Oslo den Friedensnobelpreis entgegen.
1972	Verleihung der Ehrenbürgerschaft von Lübeck.
1972	Wahlen zum VII. Deutschen Bundestag. Mit 45,8 Prozent stellt die SPD erstmals die stärkste Fraktion im Parlament.
1973	Willy Brandt spricht als erster deutscher Bundes-

	kanzler vor der Generalversammlung der Vereinten Nationen in New York.
1974	Rücktritt vom Amt des Bundeskanzlers.
1975	Vorsitzender des Internationalen Komitees für Freundschaft und Solidarität mit Demokratie und Sozialismus in Portugal.
1976	Wahlen zum VIII. Deutschen Bundestag. Dabei erhält die SPD 42,6 Prozent und bildet zusammen mit der FDP erneut die Regierungskoalition.
1976	In Genf wird Willy Brandt zum Präsidenten der Sozialistischen Internationale (SI) gewählt.
1977	Annahme des Vorsitzes der Unabhängigen Kommission für Internationale Entwicklungsfragen (Nord-Süd-Kommission).
1978–1986	Regelmäßige Wiederwahl zum Präsidenten der Sozialistischen Internationale.
1979	Erste Wahl für das Europäische Parlament; gewählt als Mitglied des Europäischen Parlaments.
1980	Präsentation des Berichts *Das Überleben sichern* der Unabhängigen Kommission für Internationale Entwicklungsfragen in New York.
1983	Vorstellung des zweiten Berichts der Unabhängigen Kommission für Internationale Entwicklungsfragen *Common Crisis* (deutsch: *Hilfe in der Weltkrise*) in Bonn.
1984	Verleihung des Dritte-Welt-Preises 1984.
1985	Verleihung des Albert-Einstein-Friedenspreises.

Bibliographie

Ernst Reuter. Ein Leben für die Freiheit, zusammen mit Richard Löwenthal, München 1957

Mein Weg nach Berlin, aufgezeichnet von Leo Lania, München 1960

Der Wille zum Frieden. Perspektiven der Politik, enthält die Friedensnobelpreis-Rede, Hamburg 1972

Über den Tag hinaus. Eine Zwischenbilanz, Hamburg 1974

Während seiner Zeit in Norwegen und Schweden (1933–1946) hat Willy Brandt eine Reihe von Schriften zu außenpolitischen und zeitgeschichtlichen Themen veröffentlicht, die zum Teil in dem von Günter Struve herausgegebenen Band *Draußen. Schriften während der Emigration*, München 1966, abgedruckt sind. Sämtliche Veröffentlichungen Willy Brandts in Schweden sind aufgeführt bei Helmut Müssener, *Exil in Schweden. Politische und kulturelle Emigration nach 1933*, München 1974, S. 548ff.

Briefe und Gespräche 1972 bis 1975. Zusammen mit Bruno Kreisky und Olof Palme, hrsg. v. Günter Grass, Eberhard Jäckel und Dieter Lattmann, Frankfurt a. M./Köln 1975

Begegnungen und Einsichten. Die Jahre 1960–1975, Hamburg 1976

Geschichte als Auftrag. Willy Brandts Reden zur Geschichte der Arbeiterbewegung, hrsg. v. Iring Fetscher, Berlin/Bonn 1981

Links und frei. Mein Weg 1930–1950, Hamburg 1982

... auf der Zinne der Partei ... Parteitagsreden 1960–1983, hrsg. und erläutert von Werner Krause und Wolfgang Gröf, Berlin/Bonn 1984

Der organisierte Wahnsinn, Köln 1985

Gespräche im Diogenes Verlag

● **Willy Brandt**
»...wir sind nicht zu Helden geboren«
Ein Gespräch über Deutschland mit Birgit Kraatz. Broschur

● **Truman Capote**
»Ich bin schwul. Ich bin süchtig. Ich bin ein Genie.«
Ein intimes Gespräch mit Lawrence Grobel Aus dem Amerikanischen von Thomas Lindquist. Mit einem Vorwort von James A. Michener. Mit Fotos. Broschur

● **Paul Cézanne**
Gespräche mit Cézanne
Äußerungen des Künstlers über sein Werk, seine Vorläufer und Zeitgenossen. Herausgegeben von Michael Doran. Aus dem Französischen von Jürg Bischoff. kunst-detebe 26031

● **Friedrich Dürrenmatt**
Die Welt als Labyrinth
Ein Gespräch mit Franz Kreuzer. Broschur

● **Federico Fellini**
»Warum machen Sie nicht mal eine schöne Liebesgeschichte?«
Ein intimes Gespräch mit Giovanni Grazzini Aus dem Italienischen von Renate Heimbucher-Bengs. detebe 21227

● **Georges Simenon**
Simenon auf der Couch
Fünf Ärzte verhören den Autor sieben Stunden lang. Aus dem Französischen von Irène Kuhn. Mit einer Bibliographie und Filmographie und 43 Abbildungen. Broschur

»Das ist die gemeinste Faulheit: die des Denkens.« Čechov

Denken mit Čechov
Almanach auf alle Tage, zusammengestellt von Peter Urban
Mit fünf Porträts und einer Selbstkarikatur von Doktor Čechov. Leinen

Denken mit Dürrenmatt
Denkanstöße, ausgewählt und zusammengestellt von Daniel Keel
Mit sieben Zeichnungen des Dichters. Leinen

Denken mit Fellini
Aus Gesprächen mit Journalisten, ausgewählt und zusammengestellt von Daniel Keel
Leinen

Denken mit Ludwig Marcuse
Ein Wörterbuch für Zeitgenossen
Leinen

Denken mit Orwell
Sätze für Zeitgenossen, ausgewählt und zusammengestellt von Fritz Senn
Mit acht Zeichnungen von Tomi Ungerer
Leinen

Denken mit Picasso
Gedanken über Kunst, Künstler und Kenner aus Gesprächen zwischen Picasso und seinen Freunden, ausgewählt und zusammengestellt von Daniel Keel. Leinen

Denken mit Tolstoi
Gedanken über Krieg und Frieden, Gott und die Welt, ausgewählt und zusammengestellt von Peter Bukowski. Leinen

Denken mit Heinrich Böll
Gedanken über Lebenslust, Sittenwächter und Lufthändler, ausgewählt und zusammengestellt von Daniel Keel. Leinen

Der illustrierte Mann
Erzählungen. Deutsch von Peter Naujack
detebe 20365

Fahrenheit 451
Roman. Deutsch von Fritz Güttinger
detebe 20862

Die goldenen Äpfel der Sonne
Erzählungen. Deutsch von Margarete Bormann. detebe 20864

Medizin für Melancholie
Erzählungen. Deutsch von Margarete Bormann. detebe 20865

Das Böse kommt auf leisen Sohlen
Roman. Deutsch von Norbert Wölfl
detebe 20866

Löwenzahnwein
Roman. Deutsch von Alexander Schmitz
detebe 21045

Das Kind von morgen
Erzählungen. Deutsch von Hans-Joachim Hartstein. detebe 21205

Die Mechanismen der Freude
Erzählungen. Deutsch von Peter Naujack
detebe 21242